OEUVRES
DE
MOLIÈRE

ILLUSTRATIONS

PAR

MAURICE LELOIR

L'AMPHITRYON

1890

PARIS

CHEZ ÉMILE TESTARD, ÉDITEUR

18, RUE DE CONDÉ, 18

MDCCCXCI

OEUVRES

DE

J.-B. P. DE MOLIÈRE

L'AMPHITRYON

JUSTIFICATION DU TIRAGE

Il a été fait pour les Amateurs un tirage spécial sur papier de luxe à 550 exemplaires, numérotés à la presse.

		NUMÉROS
125 exemplaires sur papier du Japon.		I à 125
75 — sur papier de Chine.		126 à 200
150 — sur papier Vélin à la cuve.		201 à 350
200 — sur papier Vergé de Hollande.		351 à 550

OEUVRES

DE

MOLI·E·RE

ILLUSTRATIONS

PAR

MAURICE LELOIR

NOTICES

PAR

A. DE MONTAIGLON

L'AMPHITRYON

PARIS

CHEZ ÉMILE TESTARD, ÉDITEUR

18, RUE DE CONDÉ, 18

M D CCC XCI

NOTICE DE L'AMPHITRYON

MPHITRYON n'a pas soulevé de colères et de haines comme *Tartuffe*, mais il n'a pas moins souffert des interprétations des chercheurs de midi à quatorze heures. Rœderer, qui n'a jamais pardonné à Molière d'avoir écrit les *Précieuses*, Michelet, qui était hanté par l'horreur de Louis XIV, ont tous deux affirmé, le second avec l'éloquence enflammée qui lui était naturelle, que Molière y a fait acte de la plus plate courtisanerie, et que son *Amphitryon* n'était que la glorification, ou plutôt la déification des amours du Roi et de Madame de Montespan.

Louis XIV et la Marquise, qui ont vu sa Pièce, une première fois aux Tuileries, le 16 janvier 1668, — c'était sa troisième représentation — une seconde fois à Versailles en avril, et qui y ont certainement ri, auraient été bien surpris si on leur eût dit, d'après le poète latin : « C'est de vous qu'il s'agit. » De 1680 à 1715, le Roi l'a fait jouer treize fois devant lui, et par suite devant Madame de Maintenon. L'eût-il fait si ces soi-disant éloges eussent été une personnalité si vivante qu'il était bien facile de la trouver plus que satirique. Molière eût été à la fois bien ingrat, et encore plus imprudent, de toucher à ces choses-là, lui qui si justement fait dire à Sosie : « Dans ces affaires toujours le meilleur est de ne rien dire. »

A cette interprétation fantaisiste, il y a deux choses très positives à répondre.

L'*Amphitryon*, joué à la Ville le 13 janvier 1668, est postérieur d'un an au *Sicilien*. Si faciles qu'aient été la pensée et la plume de Molière, ce n'est pas une improvisation. Peu de choses, dans son œuvre, sont écrites non pas seulement avec ce bonheur, mais avec ce soin, et il y a travaillé plus de temps qu'à l'ordinaire. Or, on a relevé et discuté de très près les indiscrétions et les témoignages des Mémoires contemporains ; la liaison ne s'ébauche, dans la campagne de Lille, qu'au milieu de 1667 et, pendant des mois, elle fut très secrète et ne s'afficha que plus tard. Comment le Roi eût-il pris que sa personne et ses amours royales fussent ainsi traduites sur la scène et livrées aux malignités du public ? Molière poursuivait la levée de l'interdiction du *Tartuffe*, qui lui fut accordée l'année suivante ; ce n'eût pas été un bon moyen pour l'obtenir.

Ces raisons de dates, en face d'un amour récent et tenu secret aussi longtemps, sont déjà excellentes ; mais il y en a une meilleure et absolument simple.

Jusque-là il y a, dans le Théâtre de Molière, plus d'un souvenir de Térence, mais aucun de Plaute, plus rudement, plus vigoureusement comique, mais moins accessible. Molière s'y est repris alors, et l'*Amphitryon* n'est pas la seule preuve de la nouvelle étude qu'il en a faite à ce moment de sa vie, car après *George Dandin*, écrit rapidement pour une Fête, la Pièce qui vient immédiatement après l'*Amphitryon* est l'*Avare*, emprunté à l'*Aulularia* du vieux Maître. Molière n'est parti que de deux choses, de l'*Amphitryon* latin et des *Deux Sosies* français de Rotrou. Il a voulu se montrer à lui-même et montrer aux autres qu'il était de force à lutter avec eux pour les surpasser, et il faut avouer que la donnée était bien tentante.

Car le sujet véritable n'est pas qu'un mortel soit trompé par un Dieu, mais qu'il le soit grâce à une ressemblance qui innocente la femme et que, pour y faire pendant et passer du romanesque et du merveilleux aux gaîtés de la Comédie, cette même ressemblance se produise chez les deux Valets. Ce ne sont ni Jupiter, ni Amphitryon qui sont les héros et le clou de la Pièce, c'est Sosie, et le titre de Rotrou est meilleur que celui de Plaute et de Molière. L'imbroglio et les complications où il se renouvelle et s'avive à chaque instant, c'est là ce qui est le sujet, celui qui est à traiter et à féconder, celui d'où sortent les surprises, les étonnements, les colères, les désespoirs et les bouffonneries.

A Rome, l'identité du costume et des masques des acteurs la rendait forcément complète; aussi leur donnait-on des marques distinctives, nécessaires aux spectateurs, et Mercure le leur explique en leur disant :

« Pour que vous puissiez nous connaître plus facilement, j'aurai, moi, de petites ailes sur mon pétase, et mon père aura sous le sien une tresse d'or, qu'Amphitryon n'aura pas. Aucun des autres personnages ne pourra voir ces signes; c'est vous seulement qui les verrez. »

Si la chose est rare et invraisemblable, elle est loin d'être impossible. La nature s'y est jouée et s'y joue plus d'une fois. Dans les jumeaux elle est naturelle, et l'on citerait plus d'un cas où, pour les distinguer, surtout dans la première enfance, on s'est servi, pour ne pas les confondre, d'un signe quelconque, nœud de ruban ou couleur des vêtements. Les frères Lyonnet nous en ont donné l'exemple. N'a-t-on pas raconté qu'à la question d'un parent de Monsieur Prud'homme, qui demandait à l'un d'eux : « Est-ce à vous, Monsieur, ou à Monsieur votre frère que j'ai l'honneur de parler? » il fit la plaisante réponse : « Non, Monsieur; ce n'est pas à moi, c'est à mon frère. » Un peu plus tôt, lorsque Nourrit débuta à l'Opéra, où son père chantait encore, ils se ressemblaient au point qu'on écrivit pour eux et qu'on leur fit chanter ensemble un petit acte *Les deux Salem*, unité des *Ménechmes*, dans lequel leur ressemblance donnait la vérité piquante de l'illusion. Elle rentrait dans cette loi fréquente de la ressemblance familiale, mais il y a aussi bien des cas où elle est fortuite, malgré la distance des temps ou des lieux. S'il m'est permis de faire intervenir un souvenir particulier, mon père et un de ses camarades, qui ne s'étaient rencontrés qu'à l'Ecole de droit, se ressemblaient alors tellement que, jouant les *Ménechmes* de Regnard sur un théâtre de société, il fut nécessaire de mettre une différence dans la cocarde de leurs chapeaux pour que les spectateurs vissent auquel des deux rôles ils avaient affaire; l'identité se perdit avec l'âge, mais elle avait existé. Qui ne se rappelle, dans la seconde moitié du xvie siècle, le fameux procès de Martin Guerre? De nos jours, un de nos Artistes a tellement la tête et les traits d'un Italien du Quinzième que Pisanello avait d'avance fait son médaillon, et tout le monde a rencontré dans Paris deux ou trois personnes qui ressemblaient, à s'y tromper, à Napoléon III.

Une fois la donnée acceptée, et elle est acceptable, on en peut faire bien des choses. Les *Ménechmes* de Plaute n'en sont qu'une autre forme, comme aussi, à sa suite, ceux de Regnard et, avant lui, la *Comedy of errors*, où Shakspeare met aux prises les deux Antipholus, d'Éphèse et de Syracuse, et les Dromio, leurs Valets, dont la double paire s'aperçoit, seulement au dénouement, de leur qualité de jumeaux. Walter Scott a renchéri dans son *Abbé* en tirant d'une ressemblance entre une sœur et un frère jumeaux les surprises et les étonnements d'une partie de son intrigue et de l'action du roman. Enfin la Nouvelle de Théophile Gautier, *Avatar*, qui est un petit chef-d'œuvre, en est encore un rajeunissement, d'une invention très ingénieuse, où le pauvre amoureux, bien qu'il ait les traits du Mari, ne réussit pas auprès de la Femme, qui, ne reconnaissant pas les idées et les sentiments de celui qu'elle aime, reste en défiance et se garde victorieusement, malgré la métamorphose.

Quant à l'aventure d'Amphitryon, c'est tout un cycle. Bayle, dans ses articles *Alcmène*, *Amphitryon* et *Teleboes*, en a savamment étudié l'histoire fabuleuse. Voltaire fait venir l'aventure d'un conte indien, et il a peut-être raison, bien qu'il l'arrange à sa manière, mais ici c'est bien assez du Théâtre.

Ce serait un curieux recueil à faire que celui où l'on réunirait les textes de tout ce que ce théâtre a successivement inspiré. Le volume, qui s'ouvrirait par le récit, plein de noblesse, par lequel Hésiode commence la description du *Bouclier d'Hercule*, serait gros, mais il y manquerait beaucoup d'œuvres de l'Antiquité Grecque qui nous seraient bien curieuses. Nous n'avons plus l'*Alcmène* de Sophocle et l'*Amphitryon* d'Euripide, qui étaient probablement des Tragédies, et pas davantage, sauf quelques vers, les *Amphitryons* comiques de l'Alexandrin Archippus, contemporain d'Alcibiade, d'Eschyle l'Alexandrin cité par Athénée, de Rhinton de Tarente qui vivait du temps de Ptolémée Soter, et nous n'avons pas davantage la pièce romaine de Cécilius, plus jeune que Plaute et plus vieux que Térence. Il est probable que Plaute et Cécilius, comme tout le Théâtre Latin, étaient partis d'une Pièce Grecque, probablement de celle d'Archippus qui leur était antérieur. Il peut bien y en avoir eu d'autres, car, après les grandes Pièces, il y en avait toujours une petite, plus Farce que Comédie, et l'on sait que les Héros et même les Dieux n'y étaient pas épargnés et y étaient drapés avec irrévérence. Un vase, bien curieux et justement célèbre de la Grande Grèce nous en a conservé comme un écho. Alcmène à sa fenêtre attend l'amoureux, qui arrive, suivi de son valet portant une vulgaire échelle. Il n'y a ni à interpréter, ni à douter ; les trois noms sont à côté des personnages, et le Dieu, comme le serviteur, sont une caricature absolument grotesque.

En réalité, pour nous comme pour Molière, c'est Plaute qui mène la marche. Madame Dacier est pour l'Ancien, Bayle pour le Moderne. Bayle a de plus en plus les gens de son côté, et malgré ceux qui ont dit alors que ce n'était qu'une pure copie et un simple plagiat, la Pièce de Molière valait la peine d'être faite. Certes l'idée, qui est une merveille, vient de Plaute ; tout en sort, mais les différences sont profondes. Au lieu d'être intéressante et délicate, Alcmène y est plutôt une comparse, presque une Esclave, rôle et personnage indispensable, mais inférieur et traité comme tel. La gaîté des situations n'y va pas sans grossièreté ; ainsi Alcmène est déjà enceinte de son mari quand vient le tour de Jupiter ; le Dieu ne revient lui faire une seconde fois l'honneur de la tromper qu'après un long intervalle et si bien à la fin de sa grossesse que la Pièce se termine par les cris de l'accouchement dans la coulisse. Peut-être est-ce un souvenir et un rappel des Pièces héroïques qui devaient se terminer par la naissance d'Hercule, mais on voit tout ce que Molière a retranché et modifié.

La France du Moyen âge est importante dans l'histoire des Sosies. La ressemblance, poussée au point que deux personnages peuvent passer l'un pour l'autre, s'y retrouve aussi dans le Roman d'Amis et d'Amiles, mais les aventures héroïques des deux amis n'ont rien de commun avec les mésaventures du pauvre Sosie ; c'est, à un moment, un moyen de l'action, mais dans un tout autre sens. Par contre, Vital de Blois a écrit au XIIe siècle en vers élégiaques — la forme Ovidienne a été longtemps au moins aussi imitée, sinon même plus importante que celle de Virgile — une *Amphitryonéide*, qui a été fort connue et fort goûtée.

Si elle n'a été imprimée pour la première fois qu'en 1833, les manuscrits en sont nombreux, aussi bien en Italie et en Angleterre qu'en France, et le nombre des manuscrits avait alors la même importance que plus tard celui des éditions. Elle n'est pas seulement curieuse, mais amusante et digne d'être plus connue. Amphitryon n'est plus un Général, mais un Étudiant, qui fait sa philosophie à Athènes comme à l'Université de Paris. Sosie est devenu Geta, et fait tourner en bourrique Birria, le Valet d'Alcmène. C'est Archas, fils de Jupiter, qui tient le rôle de Mercure et berne le pauvre Geta, comme celui-ci avait fait Birria. Amphitryon et Alcmène disparaissent presque derrière les trois Valets. En réalité le sujet est une satire, souvent spirituelle, des subtilités scolastiques et de leur singulier résultat quand elles sont employées par des cerveaux grossiers.

Malgré l'importance du dialogue, ce n'est pas du théâtre, mais un poème, car l'auteur y prend souvent la parole et intervient, tantôt pour exposer le sujet, tantôt pour introduire et distinguer les interlocuteurs. De toutes façons d'ailleurs Plaute a subi d'étranges modifications. Mais est-ce lui que Vital de Blois a connu et imité ? Il dit bien, dans un second poème sur un autre sujet du vieux Comique, qu'il abrège Plaute et qu'on ne l'achète plus que sous les nouvelles formes qu'il a données d'abord à l'*Amphitryon*, ensuite à l'*Aululaire*. Mais son second poème, nous savons qu'il part et qu'il est tiré d'une Comédie latine des bas temps. Entre l'*Aulularia* romaine et celle du Moyen âge il y a l'étrange *Querolus*, publié au xvie siècle et dont la métrique a préoccupé plus d'un érudit. Une allusion à la révolte des Bagaudes le met au ive siècle, et ce ne doit pas être à lui que se rapporte le passage d'un écrivain chrétien du temps de Dioclétien, c'est-à-dire de la fin du iiie siècle, lorsqu'il demande aux Païens s'ils croient faire honneur à leur Jupiter en jouant, le jour de sa fête, l'*Amphitryon* de Plaute, témoignage bien curieux de la persistance et de la longévité du succès de celui-ci. En même temps, comme Vital a remanié ce *Querolus* au lieu de la véritable *Aulularia*, pourquoi n'en serait-il pas de même pour son premier poème? Celui qui imite de si près d'un côté peut-il être complètement nouveau et original de l'autre ? N'aurait-il pas existé, du temps du *Querolus*, un remaniement de l'*Amphitruo*, que nous ne possédons plus. Cela est bien probable, et il serait bien intéressant de le retrouver.

En tous cas l'*Aulularia* de Vital, dont on ne connaît qu'un seul manuscrit, ne paraît pas avoir eu le même succès que son *Amphitryonéide*, qui a eu l'honneur de deux traductions.

Notre Eustache Deschamps, un des seuls poètes, avec Rutebeuf, qui ait eu, avant Villon, des éclairs d'originalité dans le style et une valeur individuelle d'écrivain, l'a mis en vers de huit pieds au commencement du xive siècle. Son poème, car il a conservé, entre les couplets du dialogue, les raccords de récit et n'en a pas, ce qui eût été facile en les supprimant, fait une Pièce dramatique; la *Farce* ne s'était pas encore dégagée des *Mystères*, où l'élément comique ne se produisait encore qu'incidemment. Son œuvre, que M. Queux de Saint-Hilaire a imprimée en 1872, n'en reste pas moins la preuve de la valeur qu'il attribuait à celle de Vital de Blois.   •

On la reconnaissait aussi en Italie, où l'on en a fait, au xvᵉ siècle, moins une traduction qu'un remaniement, car le poème italien, écrit en octaves, est beaucoup plus long que son original, sur lequel il brode. Quand j'ai imprimé en 1848 une nouvelle édition de l'*Amphitryonéis*, je n'avais pu parler de cette traduction que d'après les bibliographes italiens. J'ai vu depuis les manuscrits de Florence et les deux impressions du British Museum; les éditions d'ailleurs, qui sont de la fin du xvᵉ siècle et du commencement du siècle suivant, en ont été nombreuses, et sont toutes plus que rares.

La mention finale d'une octave, évidemment ajoutée, la donnait comme de Boccace, pour lui donner plus de lustre et plus de succès, mais c'est une erreur ou plutôt une fourberie. Ailleurs, on la met sous le nom de Filippo Brunelleschi, qui serait le grand Architecte florentin. Si le prénom est faux, le nom est vrai. Le commencement jusqu'à l'octave CLXI est de Ghigo d'Ataviano Brunelleschi, et le reste jusqu'à la fin (octaves CLXII-CLXXXVI) du Notaire Ser Domenico del maestro Mario, de Prato. Ce sont des noms moins célèbres et par là absolument acceptables. Leur indication suffit ici, mais j'en ai la copie et en ferai peut-être une réimpression pour ajouter à celle d'Eustache Deschamps. Il convient de revenir à Plaute.

C'est en 1472 qu'il fut imprimé pour la première fois à Venise chez Vindelin de Spire — heureux siècle où les livres nouveaux étaient coup sur coup tous les chefs-d'œuvre des deux Antiquités — et les traductions directes ne tardèrent pas.

Une mériterait d'être réimprimée comme une curiosité exceptionnelle; elle n'existe que dans l'exemplaire unique de la Bibliothèque Sainte-Geneviève, célèbre dans les annales de la Bibliophilie pour avoir voyagé presque autant que la Fiancée du Roi de Garbe. On le connaît sous le nom de *l'An des sept Dames*, un assez méchant poème qui le commence. « La première Farse de Plaute, nommée Amphitryon, laquelle comprend bien la naissance du fort Hercules, faite en rime », en est la partie la plus importante de toute manière. L'auteur, dont aucun indice ne permet de trouver le nom, a peut-être donné dans son titre la raison de son choix, car, dans les éditions incunables de Plaute, c'est *Amphitryon* qui se rencontre le premier. Le livre a été imprimé à Anvers en 1503 par un successeur de Gérard Leeu, qui continuait à se servir de sa marque bien connue, les tours, les drapeaux armoriés et la main coupée qui sont les armes d'Anvers. Il n'en serait pas besoin pour voir que le livre ne vient pas de France. La traduction, qui est en vers de huit pieds, est écrite dans un français flamand fort singulier et si plein de fautes d'impression que le gros errata raisonné, qui termine le volume et n'a pas moins de quarante-deux pages, est aussi important que le texte lui-même au point de vue de ce que devenait le français dans les Flandres Bourguignonnes et n'est pas la curiosité la moins piquante de ce volume précieux.

Dès lors l'*Amphitryon* rentre dans le courant et reprend un regain de jeunesse et de vie aussi bien en Espagne et en Portugal qu'en Italie.

Pandolfo Collenuccio, de Pesaro, en a imprimé à Venise, en 1530, une traduction qu'il faut citer pour la curiosité de sa forme ; elle est écrite en *terza rima*. La terzine n'a sa valeur que dans un poème ; avec l'enchaînement forcé de ses rimes et l'arrêt ternaire de la phrase, il faut convenir que cela convient aussi peu que possible au dialogue dramatique. Plus tard, un écrivain très fécond, le Vénitien Lodovico Dolce, mort en 1568, a écrit une imitation qui a été imprimée en 1545 et se retrouve dans le recueil de ses *Commedie* de 1560.

Pour en finir avec l'Italie, il faut rappeler qu'on a joué en 1707 à Venise, au Théâtre de San-Cassiano, un Opéra d'*Amphitryon* du Vénitien Apostolo Zeno et de Pietro Pariati, de Reggio, dont la musique était du Romain Francesco Gasparini. Chez nous, Vénard de la Jonchère en a fait un Ballet héroï-comique, en trois actes et en vers, imprimé dans son *Théâtre lyrique* en 1772, et, sous Louis XVI, Sedaine en a fait, en trois actes et en vers, un Opéra, représenté à la Cour en 1786 et à Paris en 1788 à l'Académie de musique. Comme la musique en est de Grétry, on peut voir ce qu'il en dit lui-même dans ses très curieux et très naïfs *Mémoires*, où il conclut à peu près toujours que chaque Pièce eut plus de succès que les précédentes. Il est même étonnant qu'on n'ait pas mis plus souvent en musique un sujet qui s'y prêterait si bien par les contrastes du noble, de l'amoureux et du bouffon. Mozart en eût aussi bien fait un chef-d'œuvre que de la *Flûte enchantée*, et si, de nos jours, on eût apporté là-dessus un livret d'opérette à Offenbach, *La belle Hélène* nous assure qu'il s'en serait tiré à merveille.

En Espagne, la première moitié du XVIᵉ siècle offre trois traductions en prose, qui peuvent bien n'avoir pas été jouées. La première, dont la plus ancienne édition parut à Saragosse en 1517, est de Francisco Villa-lobos, Médecin de Ferdinand le Catholique et de Charles-Quint. Plus tard, Fernan Perez de Oliva, de Cordoue, Recteur de l'Université de Salamanque, mort en 1538, en fit en 1533 une imitation très libre, qu'on loue pour son originalité. Elle ne parut que longtemps après sa mort dans l'édition de ses Œuvres données à Cordoue en 1585, mais elle était connue, car le prologue de la traduction anonyme en prose, publiée en 1553 à Tolède, *en muy dulce, apasible y sentencioso stile* dit s'être servi des traductions de Villalobos et d'Oliva.

Le Portugal, dans l'histoire des voyages de la donnée de Plaute, a plus d'importance que l'Espagne; son grand poète Luiz de Camoëns a fait une œuvre tout à fait personnelle de l'*Auto* des *Amphitriões*, publié en 1587, sept ans après sa mort, par Affonso Lopez dans les *Autos de Prestes* et depuis dans les éditions de ses œuvres complètes; mais Camoëns n'y est pas aussi heureux que dans les *Lusiades*, et ses *Amphitryons* ne suffi-raient pas à le mettre hors de pair. Cela est souvent lent et manque d'accent et de verve.

Cet allanguissement au reste vient en partie de la manière rythmée par laquelle il s'est astreint à écrire en strophes, exceptionnellement de dix vers et couramment de cinq, qui çà et là deviennent des sixains. En cela Camoëns n'a fait que suivre les habitudes anciennes adoptées dans son pays et d'ailleurs générales. Nos vieux Mystères sont écrits en couplets inégaux, qui, par souvenir des *laisses* des premières Chansons de Gestes, se terminent tous carrément par la chute d'un petit vers terminal qui en accuse et en fait sentir la fin; les Mystères Anglais sont de même en strophes, et ceux de notre XVᵉ siècle sont habituellement en huitains, qui se suivent quand le couplet est long ou se partagent par moitié entre les interlocuteurs. Les Farces, si vivantes et si alertes du vieux Gil Vicente, compatriote de Camoëns qui ne pouvait pas ne pas les connaître, sont en strophes de différentes mesures.

Pourtant, que le vers du Théâtre soit court et de huit pieds comme dans nos Farces et dans tout le grand Théâtre espagnol — il se prête d'ailleurs aussi bien à la gravité et à la force qu'à la légèreté spirituelle et à toutes les idées comiques; qu'il soit long, qu'il soit de dix pieds ou qu'il devienne l'alexandrin, que ce soient même des vers libres, il n'importe. L'important et même l'indispensable à la scène, pour se rapprocher de la vérité du dialogue réel, c'est que les couplets, longs ou brefs, soient inégaux et que le vers soit, selon le besoin, brisé et partagé entre les interlocuteurs. La constance et la régularité des strophes ne peuvent engendrer que la monotonie et être une entrave à la pensée elle-même. Pour arriver à leur coupure, tantôt il faut trop serrer, tantôt au contraire délayer, et Camoëns n'a pas pu échapper à ce défaut, inhérent au parti rythmique adopté, qui, au point de vue scénique, se condamne de lui-même et ne permet pas les variétés et la liberté d'allure qui sont nécessaires. Camoëns n'en est pas coupable, mais il y a perdu comme les autres.

Il faut aussi relever une bizarrerie peu heureuse. Dans plus d'une Comédie italienne, surtout au xvie siècle, les personnages parlent des dialectes différents et entrec-roisent leurs patois. Sauf exception, c'est plutôt fatigant et irritant que vraiment comique. Ici, à la fin du second Acte, les cent quatre-vingt-dix-sept derniers vers (708-915) sont en espagnol. Camoëns ne peut avoir d'autre raison que de montrer qu'il écrivait la langue du pays voisin comme la sienne. On pourrait à toute force admettre cette fantaisie, en l'expliquant et en en tirant parti, pour l'ensemble d'un rôle entier; mais la surprise est d'autant plus grande que cela commence au beau milieu d'une scène, entre Mercure et Sosie, qui l'ont commencée en portugais, et, tout d'un coup, se mettent à la continuer en espagnol.

Si Camoëns a naturellement beaucoup emprunté à Plaute, les scènes de Sosie et de Mercure, d'Alcmène et de Jupiter, d'Amphitryon avec Alcmène, Jupiter, Mercure et Sosie; s'il a gardé, sans la remplacer, la coupe prise à Ptérelas, il a aussi beaucoup changé. Les capitaines de l'armée sont réduits à deux personnages, Belferrao, le commandant du navire sur lequel est venu le mari, qui invoque son témoignage, et Aurelio, cousin d'Alcmène, appelé par elle en contre-témoignage. Dans l'exposition, c'est l'intrigant Mercure, jouant les Bonneau et les Lebel,

qui a de l'esprit pour son maître et dont l'initiative suggère au Roi de
l'Olympe l'idée d'entrer dans la peau du Mari. Jupiter, qui avait pourtant
là-dessus de l'expérience et l'habitude de ces façons, n'était pas ce jour-là
en veine d'invention; comme Amphitryon d'ailleurs, son rôle est plutôt
terne et assez effacé. Tout ce que Camoëns a inventé, qui n'ajoute rien à
l'action, qui l'interrompt et en distrait, c'est l'amour ' pour Bromia,
suivante d'Alcmène, de Féliseo, et à la suite des plaintes qu'il fait à
Callisto de son insuccès, le tournoi poétique qui s'engage entre eux à la
récitation réciproque de leurs petits vers amoureux. Ailleurs, la scène
serait jolie et c'est un aimable morceau de satire littéraire; ici ce n'est
qu'un hors-d'œuvre qui fait longueur. Mais le rôle d'Alcmène est charmant et d'une délicatesse tendre et touchante; c'est de beaucoup le plus
heureux de la Pièce, qui mériterait d'être plus connue en France qu'elle
ne l'est, car je ne sache pas qu'elle ait encore été traduite.

L'*Auto* de Camoëns n'est pas, en portugais, le dernier *Amphitryon*, et je
regrette de ne pas connaître la Comédie d'*Amphitrâo* ou *Jupiter e Alcmena*,
jouée à Lisbonne en mai 1736. Son auteur, Antonio José de Silva, est
tenu dans son pays pour un poète comique de valeur. Il a eu, hélas, la
triste fortune d'être l'un des derniers martyrs de l'Inquisition portugaise,
qui le brûla bel et bien trois ans après, dans l'*autodafé* du 18 octobre 1739, à l'âge de trente-quatre ans, comme Juif relaps. Les allusions
satiriques de ses Comédies ont dû être la cause des inimitiés qui se
sont vengées de lui en en faisant un martyr. Son biographe, M. Ernest
David (Paris, 1880), dit que son Jupiter, se présentant sous les traits du
Mari pour abuser Alcmène, fait allusion aux frasques du Roi Don Jean V,
s'introduisant sous un déguisement dans le couvent des Olivellas ou
dans la Chapelle du Saint-Sacrement. Si la chose est plus vraie que la
prétendue allusion de Molière aux amours de Louis XIV, il faudrait
convenir que Silva ait été d'une hardiesse bien imprudente.

Remontant du midi au nord, il faut passer en Angleterre, où Thomas
Heywood écrivit pour le Théâtre et imprima, depuis 1611, les trois
grands Ages Mythologiques. L'*Age d'argent*, publié en 1613, comprend
quatre actes, dont les deux premiers sont : l'Amour de Jupiter pour
Alcmène et la naissance d'Hercule. Ganymède remplace Mercure ;
Heywood, s'il est le premier qui ait fait intervenir le jeune Echanson de
Jupiter, ne paraît sur ce point avoir été suivi par personne.

De toutes façons l'*Amphitryon* ou *les deux Sosies* de John Dryden, né en 1631 et mort en 1701, a une toute autre importance. Si son caractère est loin d'avoir été à la hauteur de son talent ; s'il manque souvent de goût, de mesure, s'il a la main un peu lourde, s'il est rude, parfois même brutal et grossier, il a une personnalité réelle et une vigueur particulièrement énergique. Son *Amphitryon*, ou *les deux Sosies*, a chez nous cette curiosité et cet intérêt d'être postérieur à Molière et de l'avoir connu. Dans sa dédicace, datée du 22 octobre 1690, à sir William Leveson Gower, en reconnaissance de l'hospitalité qu'il en avait reçue au château de Trentham dans le Straffordshire, il fait à la fois l'éloge de Plaute et de Molière, mais il en a pris fort à son aise et ne s'est pas fait faute de se jeter à côté.

Il double en quelque sorte le Prologue du Français en commençant son premier acte par un premier dialogue de Jupiter et de Mercure avec Phébus, et par un second de Mercure avec la Nuit; il conserve la Femme de Sosie sous le nom de Bromia ; il donne une lanterne à Mercure comme à Sosie ; il a de même la scène du raccommodement d'Alcmène avec Jupiter, mais il met auprès d'Alcmène, sous le nom de Phœdra, une autre servante, fort accorte, très délurée et importante pour la partie comique. Gripus, un vieux Juge, oncle d'Alcmène, en est amoureux, mais elle a aussi de longues scènes avec Mercure qui s'amuse à lui faire la cour, et celle de la discussion des articles du mariage de la main gauche de Mercure avec elle est tout à fait plaisante. Quant au gobelet, Phœdra le prend à Mercure, qui le reprend à Gripus, et c'est avec son caducée que le Dieu déguisé maîtrise Bromia. Dryden finit un acte par une chanson, dont la musique était d'Henry Purcell, qui était son Lully, et ailleurs Mercure sert à Phœdra des danses et d'autres chansons. Le poëte ne craint pas non plus de laisser percer un bout d'oreille tout anglais, quand il fait dire de Sosie que le drôle a dans l'esprit quelque chose de républicain, et quand il met dans la bouche de Sosie affolé : « Je vous commet au nom du Roi... »; il dirait aujourd'hui « au nom de la Reine ».

Dans ses additions, très étrangères au sujet, il ne manque ni d'invention ni de gaîté, mais la scène des deux *moi* entre Amphitryon et Sosie, qui devrait être capitale, est au contraire très faible, et, si le dernier acte se termine à peu près de même par le commentaire des Valets, le ton en est bien loin d'avoir la légèreté de Molière. Comme la Pièce est, comme souvent en Angleterre, mélangée de vers et de prose, la fin du couplet et de la *coda* de Sosie est en vers :

OMNES. Nous congratulons tous Amphitryon.

MERCURE. Gardez pour vous, Messieurs, vos congratulations. C'est un point délicat, laissez-moi vous le dire, et le moins qu'on en parlera sera le meilleur. Après tout, si Amphitryon prend en patience la faveur de Jupiter parce que c'est un Dieu, c'est le sentiment d'un bon Païen.

Ceci suffisait; Dryden insiste, en passant la parole à Sosie :

Il me faudrait, cette nuit, prendre quelques petites peines extraordinaires pour que ma Femme aille de pair avec sa Maîtresse et fasse un Ecuyer pour accompagner le jeune Hercule quand il ira chercher les aventures et, quand son Maître tuera quelqu'un, pouvoir être tout prêt à en retourner les poches et venir pieusement en aide à ses vieux parens. Ah ! Bromia, Bromia, que n'as-tu été aussi belle et aussi jeune que Phœdra ? Je n'en dis pas davantage, mais quelqu'un aurait pu avoir la même fortune que son Maître et n'en être pas pire pour cela.

> *Que le monde méchant en dise ce qu'il voudra,*
> *Une Femme belle fait vivre son Mari à l'aise ;*
> *L'Amant, qui le choie de son côté, ne fait que recevoir,*
> *Comme Jupiter, les restes laissés par Amphitryon ;*
> *Il est vrai que la Dame en a assez en magasin*
> *Pour satisfaire les deux, et deux autres encore.*
> *En somme, celui qui pèse bien la chose,*
> *Au lieu d'être le trompeur, préférera être le trompé.*

Au XVIIIe siècle, de même qu'on émondait et qu'on défigurait à l'envi Shakespeare, John Hawkesford reprit, en 1759, l'œuvre de Dryden pour l'améliorer, et son remaniement a été réimprimé plus d'une fois. Non seulement il en efface toutes les vivacités, ou les récrit avec une plume trempée dans une encre trop étendue d'eau, mais, avec une suffisance vraiment comique, il se vante d'avoir corrigé les invraisemblances de Plaute, de Molière et de Dryden, s'étonne, en les respectant, des familiarités des Serviteurs avec les Maîtres, et ajoute, pour sauvegarder son bon goût, qu'il n'aurait pas écrit beaucoup de choses qu'il a laissées. La chose est facile à croire, et l'on n'est pas sot avec plus de naïveté et d'infatuation convaincue.

Qu'aurait dit, s'il l'avait connu, cet honnête Hawkesworth de l'*Amphitryon* allemand que lady Montague a vu à Vienne et dont elle a parlé très plaisamment dans une lettre à Pope du 14 septembre 1716. Au dire de la spirituelle voyageuse, ce n'était qu'une parade des plus grossières ; comme elle avait les oreilles aussi bonnes que les yeux, on peut l'en croire sur parole et s'en tenir à son jugement :

« Le défaut de la salle d'être basse et sombre était admirablement compensé par la Comédie. Je n'ai jamais tant ri de ma vie. Au commencement, c'était par une crevasse dans les nuages que Jupiter tombait amoureux d'Alcmène, et cela finissait par la naissance d'Hercule. Mais le plus plaisant, c'était l'usage que Jupiter faisait de sa métamorphose ; on ne le voyait pas plus tôt sous la figure d'Amphitryon qu'au lieu de courir à Alcmène avec les transports que M. Dryden met dans sa bouche, il envoie chercher le Tailleur d'Amphitryon, se fait donner un habit lacé, dérobe à son banquier un sac d'argent, à un Juif une bague de diamant, commande en son nom un grand souper, et la plus grande partie de la Comédie roule sur les ennuis d'Amphitryon tourmenté par tous ces gens qui veulent être payés. Mercure traite Sosie de la même manière. Mais je ne pouvais facilement pardonner la liberté que le poète a prise de larder sa pièce non seulement d'expressions indécentes, mais de mots si grossiers que notre canaille ne le souffrirait d'un charlatan et d'un pitre. En outre, les deux Sosies vont jusqu'à ôter leurs culottes, à la pleine vue des loges, occupées par des personnes du premier rang qui paraissaient s'amuser fort à cette façon de gaîté et m'assuraient que c'était une pièce fort estimée. »

Nous avons mieux en France avec Molière et, avant lui, avec Rotrou, dont les Sosies sont et restent charmants, malgré leur infortune d'avoir été rejetés dans l'ombre par la supériorité du nouveau venu. Pauvre Rotrou, de se trouver comme écrasé entre le grand Corneille, qu'il a devancé, et le grand Molière, contre lequel sa meilleure Comédie n'a pu tenir. Il est pourtant de grande valeur dans ses Tragédies comme *Venceslas* et *Saint-Genest* et dans ses Comédies d'aventures et de sentiments romanesques à l'Espagnole ; personne, au xviie siècle, pas même Thomas Corneille, n'en a inventé et écrit de plus vives et de plus ingénieuses, dans une langue vraiment poétique, qui est à la fois simple, ferme et très brillante. Sans l'*Amphitryon* de 1668, venu trente ans après le sien, ses *deux Sosies* seraient autrement restés en lumière. C'est presque un chef-d'œuvre et c'est ainsi qu'il faut les juger encore ; on les peut relire même après celui de Molière et en face de lui, et il serait intéressant autant que curieux de les rejouer et de leur rendre la vie de la scène. Il est, lui aussi, digne d'un anniversaire ; son *Amphitryon* s'y indique de lui-même.

C'est en 1636 qu'il fut joué sur le théâtre du Marais, et il fut imprimé deux ans après avec une dédicace à Messire Roger Du Plessis, Marquis de Liancourt, Premier Gentilhomme du Roi, Seigneur de Montfort-le-Rotrou. Bien que de la même année que *le Cid*, son succès, ce qui est justice, fut énorme et très durable. En 1650, l'année même de l'héroïsme de sa mort prématurée, il fut repris avec un autre titre, moins juste que le premier, et cette fois avec le luxe de la pompe et des machineries dont le Marais était coutumier et par lequel il écrasait les autres Troupes. Nous avons même le détail de ses magnificences dans le livret publié à leur honneur par le Libraire René Baudry : « Dessein du Poème de la grande Pièce des machines de *La naissance d'Hercule*, dernier ouvrage de M. de Rotrou », ce qui d'ailleurs est faux et ne porte que sur le changement de titre et surtout sur l'addition du spectacle, qui pouvaient le faire accepter pour une nouveauté.

Trois ans après, le vieux sujet, ainsi rajeuni, reparaissait sous une nouvelle forme, et l'appellation de *Comédie muette d'Amphitryon* devenait la sixième Entrée de la quatrième Veille du *Ballet royal de la Nuit*, dansé par Sa Majesté dans la Salle du Petit-Bourbon, le 23 février ; elle est connue par l'impression du *libretto* donnée par Ballard.

Le sujet était donc dans l'air et il était fort goûté des contemporains. Aussi a-t-on pu supposer, et très justement, que le choix et le calcul de Molière avaient été, comme pour celui du *Don Juan*, de reprendre un sujet et un titre courants, déjà familiers et acceptés et qui, par là même, comportaient la chance d'un nouveau succès, dont la moitié était en quelque sorte escomptée et gagnée d'avance. Cette très juste conclusion paraîtra à certaines gens ôter à Molière de son originalité, mais Molière y a mis assez du sien pour y être, à son tour, original, tout en venant le dernier.

Il n'en est pas moins vrai qu'il s'est fort servi de Rotrou. Celui-ci avait, avant lui, modifié et retranché bien des choses, et Molière, qui ne les a pas rétablies, s'est tenu dans le sens de son prédécesseur immédiat. Rappeler même les passages où un mot et une idée plaisante de Molière se trouvent, et pour la première fois, dans un vers de Rotrou, serait ici d'un détail trop long, qui a d'ailleurs été fait plus d'une fois. Les rencontres, ou plutôt ces emprunts et ces habiles larcins, où le premier trait s'affine et se grave d'une façon encore plus heureuse et plus vive, sont presque nombreux. Il suffit, tant ils sont visibles, de relire Rotrou pour les reconnaître et pour les saluer au passage.

c

Le fait que la Lettre de Robinet, à propos de la Pièce de Molière, insiste sur l'éloge des décorations

Avec les machines volantes
Plus que des Astres éclatantes

donne à penser qu'il a suivi l'exemple du Théâtre du Marais. Les merveilles des Opéras et des Féeries nous ont blasés sur les chars dans les nuages et sur les apothéoses, mais alors c'était une surprise, presque un événement. Molière a certainement dû vouloir employer les mêmes moyens que la Troupe rivale pour ne pas être au-dessous d'elle et pour réussir.

Dans le sens encore de l'utilité dont lui a été l'œuvre de Rotrou, qui a été son point de départ autant que Plaute, n'y a-t-il pas à remarquer aussi que, toute la Pièce de Rotrou étant comme à l'ordinaire en alexandrins, le grand couplet de Jupiter, à la fin du cinquième acte, est seul dans une autre mesure pour que la différence et le contraste distinguent nettement la parole du Dieu de celle des mortels humains. Le discours est en vers libres, qui sont heureux. Est-ce là ce qui a donné à Molière le désir et l'idée d'écrire toute sa Pièce en vers libres ? L'exemple des Fables de son ami La Fontaine n'y est certainement pas étranger, mais celui de Rotrou peut bien être venu s'y ajouter.

Précisément après le discours de Jupiter, Rotrou a mis dans la bouche de son Amphitryon un acte de foi, bien amusant à force de bonne grâce :

Je plaindrois mon honneur d'un affront glorieux
D'avoir eu pour rival le Monarque des Dieux !
Ma couche est partagée, Alcmène est infidèle,
Mais l'affront en est doux, et la honte en est belle ;
L'outrage est obligeant ; le rang du suborneur
Avecque mon injure accorde mon honneur.

Ce n'est pas plus surprenant que le nouvel éclat de tonnerre qui se fait alors entendre, et Louis XIV n'aurait pas été fâché que plus tard Monsieur de Montespan eût des sentiments aussi respectueux et eût parlé de ses cornes en termes aussi convenables. Mais, si Molière avait innocemment imité ce merveilleux respect, on voit d'ici tout ce qu'on en aurait dit. Heureusement pour Rotrou, qui ne pouvait vraiment pas être plus devin que né le sont les sorciers, les vers sont de 1650, et l'astre de la Marquise devait encore attendre dix-huit ans avant de se lever. Louis XIV, même s'il a ignoré Plaute et Rotrou, a dansé en 1653 dans un Ballet où une Entrée était « la Comédie muette d'Amphitryon »; il n'a pas eu plus à se reconnaître dans Molière que dans Plaute ou dans le Ballet de la Nuit.

Maintenant, voici la construction de la Pièce de Rotrou. Il a mis son Prologue, mythologiquement héroïque, dans la bouche de l'altière Junon, dont les plaintes sur les infidélités de son mari se changent en un dithyrambe enthousiaste à l'honneur d'Hercule. Mais la Pièce entre immédiatement dans le véritable sujet. C'est d'abord Mercure, puis Sosie et sa lanterne, puis la grande scène de ce diable de Mercure avec le pauvre Sosie, et, pour finir le premier acte, les courts adieux de Jupiter et d'Alcmène. L'imbroglio, dans le deuxième acte, met aux prises Sosie et Amphitryon, puis Amphitryon et Alcmène. Le troisième acte, c'est le raccommodement d'Alcmène et de Jupiter, une scène entre Jupiter et le malheureux Sosie qui continue à être de plus en plus ahuri, et une dernière scène entre Mercure et Céphalie, la servante d'Alcmène. Au quatrième acte c'est Amphitryon, d'abord avec Mercure, puis avec Sosie et avec ses Capitaines, auxquels, avec raison, Rotrou n'a pas pris la peine de donner des noms, et qui ne savent plus où ils en sont quand Jupiter s'adresse à eux sous les traits d'Amphitryon et les fait passer de son côté :

Point, point d'Amphitryon où l'on ne dîne point.

Le cinquième acte qui commence dans la comédie avec Mercure et Sosie, y reste avec les Capitaines et Jupiter, qui finit par laisser Amphitryon aux prises avec eux. Ici le ton change et remonte à celui de la Tragi-comédie. Le tonnerre éclate, et la servante d'Alcmène vient raconter l'accouchement merveilleux de sa maîtresse et les serpents étranglés par l'enfant divin. C'est alors que Jupiter apparaît sur un nuage et se révèle pour innocenter Alcmène et prédire la gloire d'Hercule. Dès lors la Pièce est finie et se conclut rapidement. Dans Plaute, après le discours de Jupiter, c'est Amphitryon qui parle le dernier :

Je ferai ce que tu commandes, et je te prie d'être fidèle à tes promesses. Moi, je vais retourner auprès de l'épouse et j'envoie comme messager le vieux Tirésias. Maintenant, Spectateurs, applaudissez bruyamment en l'honneur de Jupiter.

Au lieu de cela, c'est Rotrou — et Molière n'a pas manqué de le suivre — qui, laissant Sosie seul sur le théâtre, lui a le premier donné le mot de la fin.

> Cet honneur, ce me semble, est un triste avantage;
> On appelle cela lui sucrer le breuvage.
> Pour moi, j'ai, de nature, un front capricieux
> Qui ne peut rien souffrir, et lui vînt-il des Cieux,
> Mais j'ai trop, pour mon bien, partagé l'aventure;
> Quelque Dieu bien malin avoit pris ma figure;
> Si le bois nous manquoit, les Dieux en ont eu soin;
> Ils nous en ont chargés, et plus que de besoin.

Les collaborateurs de la *Bibliothèque du Théâtre Français* du Duc de La Vallière (II, 124) n'ont écrit sur les Sosies que ces courtes lignes aussi négligentes qu'injustes : « C'est une imitation de l'*Amphitryon* de Plaute, Pièce que Molière a fait paraître depuis sur notre Théâtre d'une façon si brillante qu'elle eût fait oublier celle de Rotrou, si elle ne l'eût été dès sa naissance. » Que Molière soit supérieur à Rotrou, cela ne fait pas de doute, mais la Pièce de Rotrou a plus que des droits à ne pas être oubliée. On vient de voir à quel degré elle est bien menée et agencée, combien il s'est toujours préoccupé de ne pas sortir du véritable sujet. Il a retranché beaucoup à Plaute, mais d'une main si habile que Molière n'a pas plus que lui tenu compte de ce qui était bon à écarter. Le seul point où il ne le suivit plus, c'est en ne tournant pas à la fin à la Tragi-comédie héroïque et en jetant bravement Hercule à la mer. Mais il a beaucoup profité de son devancier; il lui doit autant qu'à Plaute, et, s'il ne l'avait pas eu pour lui montrer le chemin, il se pourrait bien que son *Amphitryon* ne fût pas tout ce qu'il est, ou même qu'il n'eût pas pensé à l'écrire pour son Théâtre.

Molière n'y relève que de Plaute et de Rotrou, mais il était curieux de constater la suite et les changements du sujet selon les temps et les pays. On voit par là à quel degré il y est supérieur; ce qu'il n'a pas connu ne lui aurait rien donné. Quant à lui, il est vraiment inutile d'insister sur sa gaîté et sa verve, sur l'élégance brillante, la souplesse et la légèreté de la langue et du tour, sur la merveille de ses vers libres, dont Voltaire a si bien dit qu'il y a « un rythme très peu connu, qu'il y faut observer » et qu'ils sont « d'autant plus malaisés à faire qu'ils semblent plus faciles ».

Pour mettre à son rang l'*Amphitryon* et pour l'admirer, il n'est pas même besoin de le relire; c'est assez de s'en souvenir, car il est impossible de le jamais oublier. Ceux qui le connaissent n'ont pas besoin qu'on leur en répète l'éloge ; il suffira, pour finir, de quelques détails.

L'un est sur un manquement à la règle prosodique, si nécessaire à l'harmonie, de la succession des rimes féminines et masculines. Corneille poussait là-dessus le scrupule si loin qu'il s'y est conformé dans le passage d'un acte à l'autre, et, malgré les entr'actes dont l'interruption fait que chacun est un recommencement, il a eu soin de s'astreindre à cette régularité, dans ce cas bien inutile; la chose y est si peu sensible qu'on ne la remarque même pas. Dans l'*Amphitryon*, Molière y a manqué gravement. C'est plus sensible à la lecture qu'au Théâtre, où l'oreille ne s'en aperçoit pas. A la suite de l'essai du *Sicilien*, cela ne serait-il pas la trace du manque d'habitude que jusque-là Molière avait du vers libre? Rien de tel dans ses alexandrins, ni plus tard dans les vers libres de *Psyché*.

L'on ne peut pas n'y voir qu'une négligence et un oubli ; la faute se répète trop souvent, exactement soixante-trois fois, et porte aussi bien sur la juxtaposition de rimes masculines différentes que sur celle de rimes féminines ; les rencontres masculines dominent, au nombre de quarante-huit contre quinze rencontres féminines seulement. La récidive est trop fréquente pour être mise sur le compte d'une erreur de hasard. Molière a suivi là l'exemple de beaucoup de poètes de la première moitié du xviie siècle quand leurs strophes selon leur construction offrent de l'une à l'autre la même rencontre de sons masculins ou féminins; l'arrêt de la strophe et le court silence qui les sépare justifient dans une certaine mesure cette irrégularité, qui cependant va directement contre l'harmonie donnée par l'entrelacement des sons faibles et des sons forts. Dans Molière c'est toujours d'un interlocuteur à un autre, ou, dans un couplet, à la fin d'une phrase. L'esprit et l'idée y ont assez de bonheur pour dominer et faire passer sur le heurt, mais ce n'est pas insciemment que Molière n'a pas suivi l'exemple que lui donnait La Fontaine ; il a donné là le pas à son idée sur la forme et, à la suite de l'inspiration qui lui venait, il a négligé la règle et a sauté par-dessus. Bien des auditeurs, des lecteurs même ne s'en sont pas aperçus

entraînés par la verve et la valeur du sens. Mais il convient de signaler
cette pointillerie.

L'idée du Prologue de Molière entre Mercure et la Nuit est-elle complètement originale? Lui vient-elle du souvenir, plus que transformé, du
joli dialogue de Lucien entre Mercure et le Soleil? Peut-être vient-elle
d'un vers incident de Plaute. Lorsque le bon sens de Sosie s'étonne de
la longueur inusitée de la nuit, Mercure ajoute en aparté : « O Nuit,
continue comme tu as commencé et ne cesse pas d'être favorable à
mon père. » Rotrou s'est souvenu de Plaute quand, dans la première
scène, il fait dire à Mercure, s'adressant à la Lune absente :

> Lune, marche à pas lents...
> Retarde en sa faveur la naissance du Jour.

Cela a-t-il suffi pour donner à Molière l'idée de ce dialogue qui
annonce toute la pièce et l'ouvre d'une façon bien ingénieuse, au lieu
de l'analyser d'avance comme Mercure le faisait à Rome. Si Molière est
parti de l'une ou de l'autre de ces rapides indications ou de toutes les
deux, l'originalité de son Prologue, qui est charmant, ne lui en reste pas
moins tout entière.

Ce qui est, s'il est possible, encore plus personnel, c'est la nouveauté
du personnage de Cléanthis, que Mme Samary a joué de nos jours si
brillamment. Dans Plaute, lorsque Amphitryon, s'attendant à être
accueilli par Alcmène tout autrement qu'il ne l'est, lui dit qu'il se croyait
attendu par elle, ce fat de Sosie ajoute à part : « Ne crois-tu pas que mon
retour était aussi attendu par mon amie ? » C'est bien peu, et
Molière aurait là beaucoup fait avec presque rien; il est plutôt à croire
que l'idée lui appartient en entier. Jupiter et Amphitryon d'un côté,
Mercure et Sosie de l'autre, sont une paire de doubles. N'en sort-il pas
qu'il serait bien de doubler de même Alcmène et de donner une femme
à Sosie pour mettre Sosie dans la même situation que son Maître et
l'exposer à la même fortune. Cléanthis serait jusqu'au bout l'Alcmène
de Sosie, si le méchant caractère de la Servante ne se trouvait pas sauver
le Serviteur des honneurs divins. Là aussi le copiste et le plagiaire
reste absolument original; s'il se souvient de quelqu'un, c'est de lui-
même. Qu'est-ce, dans le Dépit amoureux, que le parallélisme des Maîtres
et des Serviteurs, d'Eraste et de Lucile, de Gros-René et de Marinette?

Cela lui avait si bien réussi qu'il a bien pu penser à en renouveler l'effet dans des conditions différentes.

Comme tant d'autres rôles du Théâtre de Molière, celui de Sosie porte l'Acteur ; il est difficile de n'y pas être suffisant. Au Marais, Jodelet a été le premier Sosie, celui de Rotrou, et exagérait la charge. Aux Français, dans celui de Molière, la suite des excellents n'est pas interrompue et se continuera certainement. Les noms de Rosimont, de Poisson, de Préville et de Dugazon, s'estompent dans les ombres du passé ; celui de Monroze le père commence déjà à y entrer, mais les contemporains se souviennent à merveille de Samson, de Regnier, de Coquelin et de Thiron, qui vient de mourir et dont c'était l'une des meilleures créations. Sa rondeur comique, ses mines plaisantes, sa bonhomie, sa poltronnerie, ses surprises, sa finesse malicieuse y étaient parfaites. Est-il nécessaire de dire qu'à l'origine Molière s'en était chargé ; c'était le grand rôle, le rôle maître de la Pièce, celui qui devait gagner et tenir le succès. Lui seul, après l'avoir écrit, était capable d'y suffire, et l'on se trouve savoir comment il y était habillé, ce dont on devrait bien tenir plus de compte.

Aujourd'hui au Théâtre *Amphitryon* se joue dans un décor et avec le costume antiques. Sosie, qui est un Esclave, est vêtu comme les Esclaves Romains. Amphitryon et Jupiter le sont comme des statues d'Empereurs ; Alcmène porte la tunique matronale. La prisée de l'Inventaire après la mort de Molière donne le détail précis de son costume « de l'Amphitryon ». Sa couleur favorite y domine, et le bonnet, qui ne convient pas au Maître, est bien la coiffure du Serviteur :

Un tonnelet de taffetas vert avec une petite dentelle d'argent fin, une chemisette de même taffetas, deux cuissarts de satin rouge, une paire de souliers avec des laçures garnies d'un galon d'argent, avec un bas de soie céladon, les festons, la ceinture et un jupon, et un bonnet brodé or et argent fin ; prisé soixante livres.

C'est fort riche à coup sûr, mais la Cour et la Ville avaient les yeux habitués à cette convention et à ce luxe. Par suite le costume devrait être très fantaisiste, à la mode du Théâtre et des Ballets sous Louis XIV. La gravure qui accompagne *Psyché* dans l'édition de 1682 donne à la fois le modèle et le ton des beaux habits d'Alcmène et de Jupiter ; le premier Louis XIII de la Place Royale, malgré sa prétention à l'antique,

serait, avec ses panaches aussi extravagants que ceux des chevaux para-
dant dans les Carrousels, déjà bien mieux dans le ton. Un retour aux
costumes de 1668 serait amusant à voir, non pas seulement au point
de vue matériel, mais aussi bien au point de vue littéraire.

Plaute était Païen ; les parties sérieuses et graves, presque reli-
gieuses, ne manquent pas à son œuvre. Molière a évité tout ce qui rap-
procherait de la hauteur tragique ; ses héros sont des Seigneurs et des
gens de Cour, son Alcmène une grande Dame, et son *Amphitryon* est une
Comédie. Il y est tendre et passionné, il y est gai, bouffon même, d'une
façon étincelante ; pas un instant il n'est Romain. C'est donc une faute
de lui en donner l'apparence ; la fausseté, la recherche, l'étrangeté des
habits reviendraient à la vérité de son temps.

ANATOLE DE MONTAIGLON.

AMPHITRYON

COMEDIE

Maurice Leloir inv.   Émile Testard Éditeur.   Géry-Bichard sc.

AMPHITRYON

Imp. A. Salmon & Ardail Paris

AMPHITRYON

COMEDIE

PAR

J. B. P. DE MOLIERE

A PARIS

CHEZ JEAN RIBOU, AU PALAIS, VIS A VIS

LA PORTE DE L'ÉGLISE DE LA SAINTE CHAPELLE

A L'IMAGE SAINT LOUIS

M.DC.LXVIII

AVEC PRIVILEGE DU ROY

A SON ALTESSE SÉRÉNISSIME

MONSEIGNEUR LE PRINCE

MONSEIGNEUR,

'EN déplaise à nos beaux Esprits, je ne vois
rien de plus ennuyeux que les Épistres Dédica-
toires, et VOSTRE ALTESSE SÉRÉNISSIME trou-
vera bon, s'il luy plaist, que je ne suive point
icy le style de ces Messieurs-là, et refuse de me
servir de deux ou trois misérables pensées, qui
ont été tournées et retournées tant de fois qu'elles
sont usées de tous les côtez. Le Nom du Grand
CONDÉ est un Nom trop glorieux pour le
traiter comme on fait tous les autres Noms. Il ne
faut l'apliquer, ce Nom illustre, qu'à des Emplois
qui soient dignes de luy, et, pour dire de belles choses, je voudrois parler de le
mettre à la teste d'une Armée plûtost qu'à la teste d'un Livre; et je conçois bien
mieux ce qu'il est capable de faire, en l'opposant aux forces des Ennemis de cet
Etat, qu'en l'opposant à la critique des ennemis d'une Comédie.

Ce n'est pas, MONSEIGNEUR, que la glorieuse approbation de V. A. S. ne fust
une puissante protection pour toutes ces sortes d'Ouvrages, et qu'on ne soit per-
suadé des lumières de vostre Esprit, autant que de l'intrépidité de vostre Cœur et
de la grandeur de vostre Ame. On sçait, par toute la Terre, que l'éclat de vostre
Mérite n'est point renfermé dans les bornes de cette Valeur indomtable, qui se

XX.   1

fait des Adorateurs chez ceux mesme qu'Elle surmonte; qu'il s'étend, ce Mérite, jusques aux connoissances les plus fines et les plus relevées, et que les décisions de vostre jugement, sur tous les Ouvrages d'esprit, ne manquent point d'estre suivies par le sentiment des plus délicats.

Mais on sçait aussi, MONSEIGNEUR, que toutes ces glorieuses aprobations, dont nous nous vantons au Public, ne nous coûtent rien à faire imprimer, et que ce sont des choses dont nous disposons comme nous voulons. On sçait, dis-je, qu'une Épistre Dédicatoire dit tout ce qu'il luy plaist, et qu'un Auteur est en pouvoir d'aller saisir les Personnes les plus augustes, et de parer de leurs grands Noms les premiers feuillets de son Livre; qu'il a la liberté de s'y donner, autant qu'il veut, l'honneur de leur estime, et de se faire des Protecteurs qui n'ont jamais songé à l'estre.

Je n'abuseray, MONSEIGNEUR, ny de vostre Nom, ny de vos bontez pour combattre les Censeurs de l'Amphitryon, et m'attribuer une gloire que je n'ay peut-estre pas méritée, et je ne prens la liberté de vous offrir ma Comédie que pour avoir lieu de vous dire que je regarde incessamment, avec une profonde vénération, les grandes qualitez que vous joignez au Sang auguste dont vous tenez le jour, et que je suis, MONSEIGNEUR, avec tout le respect possible et le zèle imaginable,

DE VOSTRE ALTESSE SÉRÉNISSIME,

Le très-humble, très-obéissant

et très-obligé Serviteur,

MOLIÈRE.

Extrait du Privilège du Roy.

Par Grâce et Privilège du Roy, donné à Saint-Germain-en-Laye, le
20. jour de Février 1668, signé *Par le Roy en son Conseil :* MARGERET, il
est permis à I. B. P. de MOLIÈRE de faire imprimer, par tel Libraire ou
Imprimeur qu'il voudra, une Pièce de Théâtre, de sa composition, inti-
tulée *L'Amphitryon*, pendant le temps et espace de cinq années, entières
et accomplies, à commencer du jour qu'elle sera achevée d'imprimer, et
Défenses sont faites à tous autres Libraires et Imprimeurs d'imprimer,
ou faire imprimer, vendre et débiter ladite Pièce sans le consentement
de l'Exposant, ou de ceux qui auront droict de luy ; à peine aux contre-
venans de trois mille livres d'amende, confiscation des Exemplaires
contrefaits, et de tous despens, dommages et intérêts, ainsi que plus au
long il est porté par lesdites Lettres de Privilège.

Et ledit Sieur DE MOLIÈRE *a cédé et transporté son droit de Privilège à* JEAN
RIBOU, *Marchand libraire à Paris, pour en jouir suivant l'accord fait entr'eux.*

Registré sur le Livre de la Communauté, suivant l'Arrest de la Cour de Parlement.

Achevé d'imprimer pour la première fois le 5 Mars 1668.

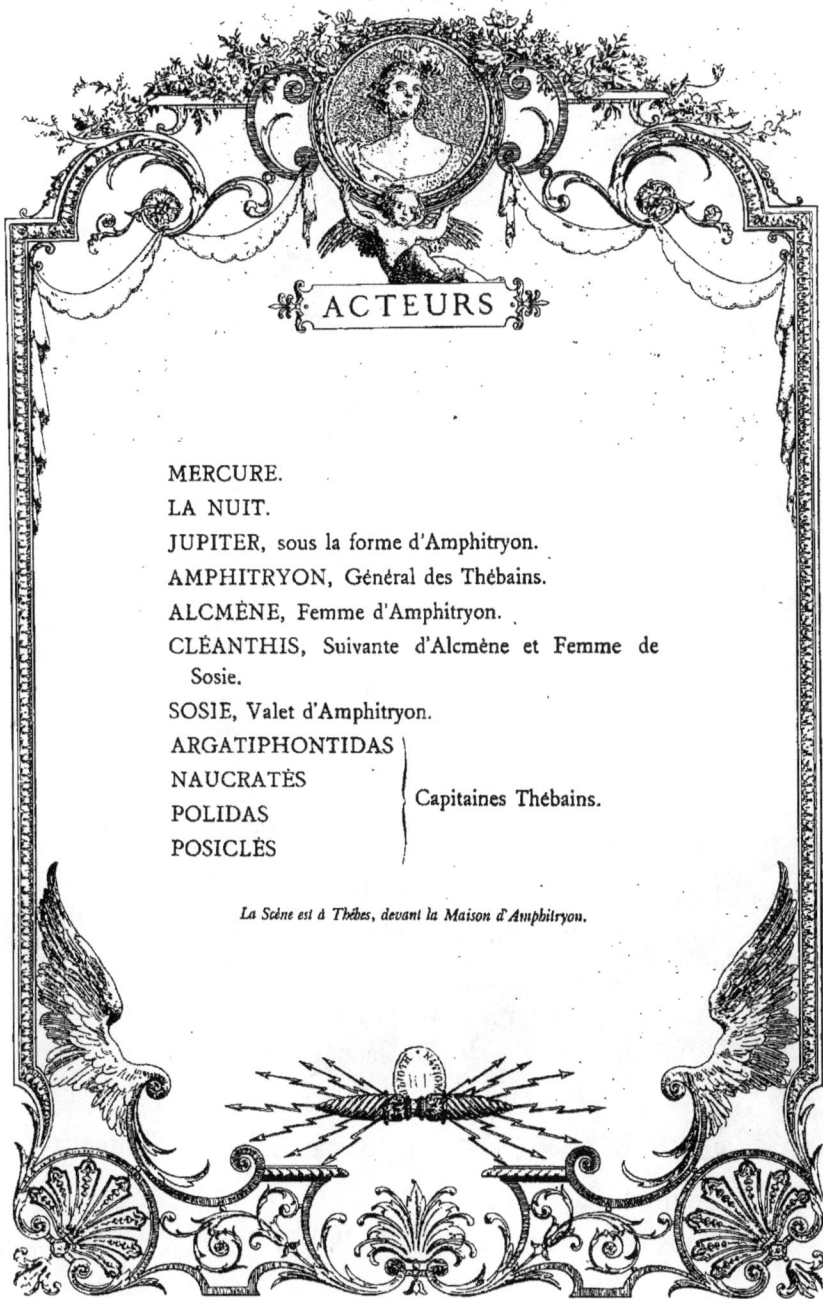

ACTEURS

MERCURE.

LA NUIT.

JUPITER, sous la forme d'Amphitryon.

AMPHITRYON, Général des Thébains.

ALCMÈNE, Femme d'Amphitryon.

CLÉANTHIS, Suivante d'Alcmène et Femme de Sosie.

SOSIE, Valet d'Amphitryon.

ARGATIPHONTIDAS
NAUCRATÈS
POLIDAS
POSICLÈS

} Capitaines Thébains.

La Scène est à Thèbes, devant la Maison d'Amphitryon.

PROLOGUE

MERCURE, *sur un Nuage;*
LA NUIT, *dans un Char, traîné dans l'air par deux Chevaux.*

MERCURE

OUT BEAU, charmante Nuit;
daignez vous arrester.
Il est certain secours, que de
vous on desire,
Et j'ay deux mots à vous dire
De la part de Jupiter.

LA NUIT

Ah, ah, c'est vous, Seigneur
Mercure !
Qui vous eust deviné, là, dans cette posture ?

MERCURE

Ma foy, me trouvant las, pour ne pouvoir fournir
Aux différens Emplois où Jupiter m'engage,
Je me suis doucement assis sur ce Nuage,
    Pour vous attendre venir.

LA NUIT

Vous vous moquez, Mercure, et vous n'y songez pas;
Sied-il bien à des Dieux de dire qu'ils sont las?

MERCURE

Les Dieux sont-ils de fer?

LA NUIT

        Non; mais il faut, sans cesse,
Garder le *décorum* de la Divinité.
Il est de certains mots, dont l'usage rabaisse
    Cette sublime qualité,
    Et que, pour leur indignité,
    Il est bon qu'aux Hommes on laisse.

MERCURE

    A votre aise vous en parlez;
Et vous avez, la Belle, une Chaise roulante,
Où, par deux bons chevaux, en Dame nonchalante,
Vous vous faites traîner par tout où vous voulez.
    Mais de moy ce n'est pas de même,
Et je ne puis vouloir, dans mon destin fatal,

Aux Poètes assez de mal
De leur impertinence extrême
D'avoir, par une injuste Loy
Dont on veut maintenir l'usage,
A chaque Dieu, dans son Employ,
Donné quelque allure en partage,
Et de me laisser à pié, moy,
Comme un Messager de Village ;
Moy qui suis, comme on sçait, en Terre et dans les Cieux,
Le fameux Messager du Souverain des Dieux ;
Et qui, sans rien exagérer,
Par tous les Emplois qu'il me donne,
Aurois besoin, plus que personne,
D'avoir de quoy me voiturer.

LA NUIT

Que voulez-vous faire à cela ?
Les Poètes font à leur guise.
Ce n'est pas la seule sottise
Qu'on voit faire à ces Messieurs-là ;
Mais contr'eux toutefois vostre Ame à tort s'irrite,
Et vos ailes aux piez sont un don de leurs soins.

MERCURE

Ouy ; mais, pour aller plus vite,
Est-ce qu'on s'en lasse moins ?

LA NUIT

Laissons cela, Seigneur Mercure,
Et sçachons ce dont il s'agit.

MERCURE

C'est Jupiter, comme je vous l'ay dit,
Qui de vostre manteau veut la faveur obscure,
  Pour certaine douce avanture
   Qu'un nouvel amour luy fournit.
Ses pratiques, je croy, ne vous sont pas nouvelles;
Bien souvent, pour la Terre, il néglige les Cieux,
Et vous n'ignorez pas que ce Maistre des Dieux
Aime à s'humaniser pour des Beautez mortelles,
  Et sçait cent tours ingénieux
  Pour mettre à bout les plus cruelles.
  Des yeux d'Alcmène il a senty les coups,
Et, tandis qu'au milieu des Béotiques plaines,
   Amphitryon, son Epous,
   Commande aux Troupes Thébaines,
Il en a pris la forme, et reçoit, là-dessous,
   Un soulagement à ses peines
Dans la possession des plaisirs les plus doux.
L'état des Mariez à ses feux est propice;
L'Hymen ne les a joints que depuis quelques jours,
Et la jeune chaleur de leurs tendres amours
A fait que Jupiter à ce bel artifice

S'est avisé d'avoir recours.
Son stratagème icy se trouve salutaire;
    Mais, près de maint Objet chéry,
Pareil déguisement seroit pour ne rien faire,.
Et ce n'est pas partout un bon moyen de plaire
    Que la figure d'un Mary.

LA NUIT

J'admire Jupiter, et je ne comprens pas
Tous les déguisemens qui luy viennent en teste.

MERCURE

Il veut gouster par là toutes sortes d'Etats,
    Et c'est agir en Dieu qui n'est pas Beste.
Dans quelque rang qu'il soit des Mortels regardé,
    Je le tiendrois fort misérable
S'il ne quittoit jamais sa mine redoutable,
Et qu'au faiste des Cieux il fût toujours guindé.
Il n'est point, à mon gré, de plus sotte méthode
Que d'estre emprisonné toujours dans sa Grandeur;
Et, sur-tout, aux transports de l'amoureuse ardeur,
La haute Qualité devient fort incommode.
Jupiter, qui, sans doute, en plaisirs se connoist,
Sçait descendre du haut de sa Gloire suprême;
    Et, pour entrer dans tout ce qu'il luy plaist,
    Il sort tout-à-fait de luy-même,
Et ce n'est plus alors Jupiter qui paroist.
XX.   2

LA NUIT

Passe encor de le voir, de ce sublime Etage,
      Dans celui des Hommes venir,
Prendre tous les transports que leur Cœur peut fournir,
      Et se faire à leur badinage,
Si, dans les changemens où son humeur l'engage,
A la Nature Humaine il s'en vouloit tenir.
      Mais de voir Jupiter Taureau,
      Serpent, Cygne, ou quelqu'autre chose,
      Je ne trouve point cela beau,
Et ne m'étonne pas si par fois on en cause.

MERCURE

      Laissons dire tous les Censeurs.
      Tels changemens ont leurs douceurs
      Qui passent leur intelligence.
Ce Dieu sçait ce qu'il fait aussi bien là qu'ailleurs,
Et, dans les mouvemens de leurs tendres ardeurs,
Les Bestes ne sont pas si Bestes que l'on pense.

LA NUIT

Revenons à l'Objet dont il a les faveurs.
Si, par son stratagème, il voit sa flâme heureuse,
Que peut-il souhaiter, et qu'est-ce que je puis ?

MERCURE

Que vos Chevaux, par vous, aux petits pas réduits,

Pour satisfaire aux vœux de son âme amoureuse,
D'une Nuit si délicieuse
Fassent la plus longue des Nuits;
Qu'à ses transports vous donniez plus d'espace,
Et retardiez la naissance du Jour,
Qui doit avancer le retour
De celuy dont il tient la place.

LA NUIT

Voilà sans doute un bel Employ
Que le grand Jupiter m'apreste;
Et l'on donne un nom fort honneste
Au service qu'il veut de moy.

MERCURE

Pour une jeune Déesse,
Vous estes bien du bon temps!
Un tel Employ n'est bassesse
Que chez les petites Gens.
Lors que dans un haut rang on a l'heur de paroistre,
Tout ce qu'on fait est toujours bel et bon,
Et, suivant ce qu'on peut estre,
Les choses changent de nom.

LA NUIT

Sur de pareilles matières
Vous en sçavez plus que moy,

Et, pour accepter l'Employ,
J'en veux croire vos lumières.

MERCURE

Hé, là, là, Madame la Nuit,
Un peu doucement, je vous prie ;
Vous avez dans le Monde un bruit
De n'estre pas si renchérie.
On vous fait Confidente, en cent climats divers,
De beaucoup de bonnes affaires,
Et je crois, à parler à sentimens ouverts,
Que nous ne nous en devons guères.

LA NUIT

Laissons ces contrariétez,
Et demeurons ce que nous sommes.
N'apprestons point à rire aux Hommes,
En nous disant nos véritez.

MERCURE

Adieu. Je vais là-bas, dans ma Commission,
Dépouiller promptement la forme de Mercure,
Pour y vestir la figure
Du Valet d'Amphitryon.

LA NUIT

Moy, dans cet Hémisphère, avec ma Suite obscure,
Je vais faire une Station.

MERCURE

Bon jour, la Nuit.

LA NUIT

Adieu, Mercure.

Mercure descend de son nuage en Terre, et la Nuit passe dans son Char.

Adieu, Mercure.

ACTE PREMIER

SCÈNE PREMIÈRE

SOSIE

UI VA LA? — Heu! Ma peur,
   à chaque pas, s'accroist.
Messieurs, amy de tout le
   Monde.
Ah, quelle audace, sans se-
   conde,
De marcher à l'heure qu'il
   est !
Que mon Maistre, couvert de gloire,
Me joue icy d'un vilain tour !

Quoy, si pour son prochain il avoit quelque amour,
M'auroit-il fait partir par une nuit si noire,
Et, pour me renvoyer annoncer son retour
   Et le détail de sa Victoire,
Ne pouvoit-il pas bien attendre qu'il fût jour ?
   Sosie, à quelle servitude
   Tes jours sont-ils assujettis !
   Nostre sort est beaucoup plus rude
   Chez les Grands que chez les Petits.
Ils veulent que, pour eux, tout soit, dans la Nature,
   Obligé de s'immoler.
Jour et nuit, gresle, vent, péril, chaleur, froidure,
   Dès qu'ils parlent, il faut voler.
   Vingt ans d'assidu service
   N'en obtiennent rien pour nous ;
   Le moindre petit caprice
   Nous attire leur courroux.
   Cependant nostre âme insensée
S'acharne au vain honneur de demeurer près d'eux,
Et s'y veut contenter de la fausse pensée
Qu'ont tous les autres Gens, que nous sommes heureux.
Vers la retraite, en vain, la Raison nous appelle,
En vain nostre dépit quelquefois y consent ;
   Leur veue a sur nostre zèle
   Un ascendant trop puissant,
Et la moindre faveur d'un coup d'œil caressant

Nous rengage de plus belle.
Mais enfin, dans l'obscurité,
Je vois nostre Maison, et ma frayeur s'évade.
Il me faudroit, pour l'Ambassade,
Quelque Discours prémédité.
Je dois aux yeux d'Alcmène un Portrait militaire
Du grand Combat qui met nos Ennemis à bas ;
Mais comment diantre le faire,
Si je ne m'y trouvay pas ?
N'importe ; parlons-en, et d'estoc, et de taille,
Comme oculaire témoin.
Combien de Gens font-ils des Récits de Bataille,
Dont ils se sont tenus loin ?
Pour jouer mon rôle sans peine,
Je le veux un peu repasser.
Voicy la Chambre où j'entre, en Courrier que l'on meine,
Et cette Lanterne est Alcmène,
A qui je me dois adresser.

Il pose sa lanterne à terre et luy adresse son compliment :

Madame, Amphitryon, mon Maistre, et vostre Epous...
— Bon. Beau début ! — l'esprit toûjours plein de vos charmes
M'a voulu choisir, entre tous,
Pour vous donner avis du succès de ses Armes,
Et du désir qu'il a de se voir près de vous.
— *Ah, vrayment, mon pauvre Sosie ;*

XX.   3

A te revoir, j'ay de la joye au cœur.
  — Madame, ce m'est trop d'honneur,
  Et mon destin doit faire envie.
— Bien répondu. — *Comment se porte Amphitryon ?*
  — Madame, en Homme de courage,
Dans les occasions où la Gloire l'engage.
  — Fort bien. Belle conception !
  — *Quand viendra-t-il, par son retour charmant,*
   Rendre mon âme satisfaite ?
— Le plûtost qu'il pourra, Madame, assurément ;
  Mais bien plus tard que son Cœur ne souhaite.
— Ah ! — *Mais quel est l'état où la Guerre l'a mis ?*
  Que dit-il? Que fait-il? Contente un peu mon âme.
   — Il dit moins qu'il ne fait, Madame,
  Et fait trembler les Ennemis.
— Peste, où prend mon esprit toutes ces gentillesses ?
— *Que font les révoltez? Dy-moy, quel est leur sort ?*
— Ils n'ont pû résister, Madame, à nostre effort ;
  Nous les avons taillez en pièces,
  Mis Ptérélas, leur chef, à mort,
Pris Télèbe d'assaut, et déjà, dans le Port,
  Tout retentit de nos prouesses.
— *Ah, quel succès! O Dieux! Qui l'eût pû jamais croire?*
Raconte-moy, Sosie, un tel événement.
— Je le veux bien, Madame, et, sans m'enfler de gloire,
  Du détail de cette victoire

Je puis parler très sçavamment.
Figurez-vous donc que Télèbe,
    Madame, est de ce côté ;

Il marque les lieux sur sa main, ou à terre.

    C'est une Ville, en vérité,
    Aussi grande quasi que Thèbe.
        La Rivière est comme là;
        Icy, nos Gens se campèrent,
        Et, l'espace que voilà,
        Nos Ennemis l'occupèrent.
        Sur un haut, vers cet endroit,
        Etoit leur Infanterie ;
        Et plus bas, du côté droit,
        Estoit la Cavalerie.
Après avoir aux Dieux adressé les Prières,
Tous les Ordres donnez, on donne le Signal.
Les Ennemis, pensant nous tailler des croupières,
Firent trois pelotons de leurs Gens à cheval ;
Mais leur chaleur par nous fut bientost réprimée,
        Et vous allez voir comme quoy.
Voilà nostre Avant-garde, à bien faire animée ;
        Là, les Archers de Créon, nostre Roy ;
        Et voicy le Corps d'Armée,
Qui d'abord... Attendez, le Corps d'Armée a peur ;
    J'entens quelque bruit ce me semble.

On fait un peu de bruit.

SCÈNE II

MERCURE, SOSIE

MERCURE *sous la forme de Sosie*

Sous ce minois, qui luy ressemble,
Chassons de ces lieux ce causeur,
Dont l'abord importun troubleroit la douceur
Que nos Amans goûtent ensemble.

SOSIE

Mon cœur tant soit peu se rassure,
Et je pense que ce n'est rien;
Crainte pourtant de sinistre aventure,
Allons chez nous achever l'entretien.

MERCURE

Tu seras plus fort que Mercure,
Ou je t'en empescheray bien.

SOSIE

Cette Nuit, en longueur, me semble sans pareille.
Il faut, depuis le temps que je suis en chemin,
Ou que mon Maistre ait pris le Soir pour le Matin,
Ou que, trop tard, au lit, le blond Phœbus sommeille,
Pour avoir trop pris de son vin.

MERCURE

Comme avec irrévérence
Parle des Dieux ce Maraut !
Mon bras saura bien tantôt
Chastier cette insolence,
Et je vais m'égayer avec luy comme il faut,
En luy volant son nom, avec sa ressemblance.

SOSIE

Ah, par ma foy, j'avois raison ;
C'est fait de moy, chétive Créature.
Je vois devant nostre Maison,
Certain Homme, dont l'encolûre
Ne me présage rien de bon.
Pour faire semblant d'assurance,
Je veux chanter un peu d'icy.

Il chante, et, lors que Mercure parle, sa voix s'affoiblit peu à peu.

MERCURE

Qui donc est ce Coquin, qui prend tant de licence
Que de chanter, et m'étourdir ainsy ?
Veut-il qu'à l'étriller ma main un peu s'applique ?

SOSIE

Cet homme, assurément, n'aime pas la musique

MERCURE

Depuis plus d'une semaine,

Je n'ay trouvé personne à qui rompre les os;
La vigueur de mon bras se perd dans le repos,
Et je cherche quelque dos,
Pour me remettre en haleine.

SOSIE

Quel diàble d'Homme est-ce cy ?
De mortelles frayeurs je sens mon ame atteinte.
Mais pourquoy trembler tant aussy ?
Peut-estre a-t-il, dans l'ame, autant que moy de crainte,
Et que le Drôle parle ainsy
Pour me cacher sa peur, sous une audace feinte.
Ouy, ouy, ne souffrons point qu'on nous croye un oyson.
Si je ne suis hardy, tâchons de le paroistre.
Faisons-nous du cœur, par raison.
Il est seul, comme moy; je suis fort; j'ay bon Maistre,
Et voilà nostre Maison.

MERCURE

Qui va là !

SOSIE

Moy.

MERCURE

Qui, moy ?

SOSIE

Moy. — Courage, Sosie.

MERCURE

Quel est ton sort, dy-moy ?

SOSIE

D'estre homme, et de parler.

MERCURE

Es-tu Maistre, ou Valet ?

SOSIE

Comme il me prend envie.

MERCURE

Où s'adressent tes pas ?

SOSIE

Où j'ay dessein d'aller.

MERCURE

Ah, cecy me déplaist.

SOSIE

J'en ay l'ame ravie.

MERCURE

Résolument, par force, ou par amour,
        Je veux sçavoir de toy, traistre,
Ce que tu fais ; d'où tu viens, avant jour ;
        Où tu vas ; à qui tu peux estre.

SOSIE

Je fais le bien, et le mal, tour à tour,
Je viens de là ; vais là ; j'appartiens à mon Maistre.

MERCURE

Tu montres de l'esprit, et je te vois en train
De trancher avec moy de l'Homme d'importance.
Il me prend un desir, pour faire connoissance,
    De te donner un soufflet de ma main.

SOSIE

A moy-mesme ?

MERCURE

    A toy-mesme — et t'en voilà certain.

Il luy donne un soufflet.

SOSIE

Ah, ah, c'est tout de bon !

MERCURE

        Non, ce n'est que pour rire,
Et répondre à tes Quolibets.

SOSIE

Tudieu, l'Amy, sans vous rien dire,
Comme vous baillez des soufflets !

MERCURE

Ce sont là de mes moindres coups,
De petits soufflets ordinaires.

SOSIE

Si j'estois aussi prompt que vous,
Nous ferions de belles affaires.

MERCURE

Tout cela n'est encor rien,
Pour y faire quelque pause ;
Nous verrons bien autre chose ;
Poursuivons nostre entretien.

SOSIE

Il veut s'en aller.

Je quitte la partie.

MERCURE

Où vas-tu ?

SOSIE

Que t'importe ?

MERCURE

Je veux sçavoir où tu vas ?

SOSIE

Me faire ouvrir cette Porte.
Pourquoy retiens-tu mes pas ?

MERCURE

Si jusqu'à l'approcher tu pousses ton audace,
Je fais sur toy pleuvoir un orage de coups

SOSIE

Quoy, tu veux, par ta menace,
M'empescher d'entrer chez Nous ?

MERCURE

Comment, chez Nous ?

XX.   4

SOSIE

Ouy, chez Nous.

MERCURE

O, le Traistre !

Tu te dis de cette Maison ?

SOSIE

Fort bien. Amphitryon n'en est-il pas le Maistre ?

MERCURE

Hé bien, que fait cette raison ?

SOSIE

Je suis son Valet.

MERCURE

Toy ?

SOSIE

Moy.

MERCURE

Son Valet ?

SOSIE

Sans doute.

MERCURE

Valet d'Amphitryon ?

SOSIE

D Amphitryon ; de luy.

MERCURE

Ton nom est ?

SOSIE

Sosie.

MERCURE

Heu ; comment ?

SOSIE

Sosie.

MERCURE

Ecoute.

Sçais-tu que de ma main je t'assomme aujourd'huy ?

SOSIE

Pourquoy ? De quelle rage est ton âme saisie ?

MERCURE

Qui te donne, dy-moy, cette témérité
De prendre le nom de Sosie ?

SOSIE

Moy ; je ne le prens point, je l'ay toujours porté.

MERCURE

O le mensonge horrible, et l'impudence extrême !
Tu m'oses soutenir que Sosie est ton nom ?

SOSIE

Fort bien. Je le soutiens, par la grande raison
Qu'ainsi l'a fait des Dieux la Puissance suprême ;
Et qu'il n'est pas en moy de pouvoir dire non,
Et d'estre un autre que moy-même.

MERCURE

Mercure le bat.

Mille coups de baston doivent estre le prix
D'une pareille éfronterie.

SOSIE

Justice, Citoyens. Au secours, je vous prie.

MERCURE

Comment, Bourreau, tu fais des cris ?

SOSIE

De mille coups tu me meurtris,
Et tu ne veux pas que je crie ?

MERCURE

C'est ainsi que mon bras...

SOSIE

L'action ne vaut rien.
Tu triomphes de l'avantage
Que te donne sur moy mon manque de courage,
Et ce n'est pas en user bien.
C'est pure fanfaronnerie
De vouloir profiter de la poltronnerie
De ceux qu'attaque nostre bras.
Battre un homme à jeu sûr n'est pas d'une belle ame,
Et le cœur est digne de blâme
Contre les gens qui n'en ont pas.

MERCURE

Hé bien, es-tu Sosie à présent ? Qu'en dis-tu ?

SOSIE

Tes coups n'ont point en moy fait de métamórphose,
Et tout le changement que je trouve à la chose,
    C'est d'estre Sosie battu.

MERCURE

Encor ? Cent autres coups pour cette autre impudence.

SOSIE

    De grace, fais trève à tes coups.

MERCURE

    Fais donc trève à ton insolence.

SOSIE

Tout ce qu'il te plaira ; je garde le silence ;
La dispute est par trop inégale entre nous.

MERCURE

    Es-tu Sosie encor ; dy, Traistre ?

SOSIE

    Hélas, je suis ce que tu veux !
Dispose de mon sort, tout au gré de tes vœux ;
    Ton bras t'en a fait le Maistre.

MERCURE

Ton nom estoit Sosie, à ce que tu disois ?·

SOSIE

Il est vray; jusqu'icy j'ay crû la chose claire,
Mais ton baston, sur cette affaire,
M'a fait voir que je m'abusois.

MERCURE

C'est moy qui suis Sosie, et tout Thèbe l'avoue;
Amphitryon jamais n'en eut d'autre que moy.

SOSIE

Toy, Sosie ?

MERCURE

Ouy, Sosie; et, si quelqu'un s'y joue,
Il peut bien prendre garde à soy.

SOSIE

— Ciel, me faut-il ainsi renoncer à moy-même,
Et par un Imposteur me voir voler mon nom ?
Que son bonheur est extrême
De ce que je suis poltron !
Sans cela, par la mort...

MERCURE

Entre tes dents, je pense,
Tu murmures je ne sçay quoy ?

SOSIE

Non; mais, au nom des Dieux, donne-moy la licence
De parler un moment à toy.

MERCURE

Parle.

SOSIE

Mais promets-moy de grace,
Que les coups n'en seront point.
Signons une Trève.

MERCURE

Passe ;
Va, je t'accorde ce poinct.

SOSIE

Qui te jette, dy-moy, dans cette fantaisie ?
Que te reviendra-t-il de m'enlever mon Nom ?
Et peux-tu faire enfin, quand tu serois Démon,
Que je ne sois pas Moy, que je ne sois Sosie ?

MERCURE

Comment, tu peux...

SOSIE

Ah, tout doux !
Nous avons fait trève aux coups.

MERCURE

Quoy, pendart, imposteur, coquin...

SOSIE

Pour des injures,
Dy-m'en tant que tu voudras ;

Ce sont légères blessures,
Et je ne m'en fâche pas.

MERCURE

Tu te dis Sosie ?

SOSIE

Ouy. Quelque conte frivole...

MERCURE

Sus ; je romps nostre Trève, et reprens ma parole,

SOSIE

N'importe. Je ne puis m'anéantir pour toy,
Et souffrir un discours si loin de l'apparence.
Estre ce que je suis est-il en ta puissance,
     Et puis-je cesser d'estre Moy ?
S'avisa-t-on jamais d'une chose pareille ?
Et peut-on démentir cent indices pressans ?
     Rêvè-je ? Est-ce que je sommeille ?
Ay-je l'esprit troublé par des transports puissans ?
     Ne sens-je pas bien que je veille ?
     Ne suis-je pas dans mon bon sens ?
Mon Maistre, Amphitryon, ne m'a-t-il pas commis
A venir, en ces lieux, vers Alcmène, sa Femme ?
Ne luy dois-je pas faire, en luy vantant sa flâme,
Un récit de ses faits contre nos Ennemis ?
Ne suis-je pas du Port arrivé tout à l'heure ?
     Ne tiens-je pas une Lanterne en main ?

Ne te trouvé-je pas devant nostre Demeure ?
Ne t'y parlé-je pas d'un esprit tout humain ?
Ne te tiens-tu pas fort de ma poltronnerie ?
       Pour m'empescher d'entrer chez nous,
N'as-tu pas sur mon dos exercé ta furie ?
       Ne m'as-tu pas roué de coups ?
    Ah, tout cela n'est que trop véritable,
     Et plût au Ciel le fût-il moins !
Cesse donc d'insulter au sort d'un Misérable,
Et laisse à mon devoir s'acquiter de ses soins.

MERCURE

Arreste ; ou, sur ton dos, le moindre pas attire
Un assommant éclat de mon juste courroux.
     Tout ce que tu viens de dire
     Est à moy, hormis les coups.
C'est moy qu'Amphitryon député vers Alcmène,
Et qui, du Port Persique, arrive de ce pas ;
Moy, qui viens annoncer la valeur de son bras,
Qui nous fait remporter une Victoire pleine ;
Et de nos Ennemis a mis le Chef à bas.
C'est moy qui suis Sosie enfin, de certitude,
     Fils de Dave, honneste Berger ;
Frère d'Arpage, mort en Païs étranger ;
     Mary de Cléanthis la prude,
     Dont l'humeur me fait enrager ;

Qui, dans Thèbe, ay reçeu mille coups d'étrivière,
  Sans en avoir jamais dit rien ;
Et jadis, en public, fus marqué par derrière,
  Pour estre trop Homme de bien.

SOSIE

— Il a raison. A moins d'estre Sosie,
  On ne peut pas sçavoir tout ce qu'il dit ;
Et, dans l'étonnement dont mon âme est saisie,
Je commence, à mon tour, à le croire un petit.
En effet ; maintenant que je le considère,
Je vois qu'il a de moy taille, mine, action.
      Faisons-luy quelque question,
      Afin d'éclaircir ce mystère.
— Parmy tout le butin fait sur nos Ennemis,
Qu'est-ce qu'Amphitryon obtient pour son partage ?

MERCURE

Cinq fort gros Diamants, en nœud proprement mis,
Dont leur Chef se paroit comme d'un rare ouvrage.

SOSIE

A qui destine-t-il un si riche présent ?

MERCURE

A sa Femme ; et, sur elle, il le veut voir paroistre.

SOSIE

Mais où, pour l'apporter, est-il mis à présent ?

MERCURE

Dans un Coffret, scellé des Armes de mon Maistre.

SOSIE

— Il ne ment pas d'un mot, à chaque repartie,
Et de moy je commence à douter tout de bon.
Près de moy, par la force, il est déjà Sosie ;
Il pourroit bien encor l'estre, par la raison.
Pourtant, quand je me tâte, et que je me rappelle,
    Il me semble que je suis Moy.
Où puis-je rencontrer quelque clarté fidelle
    Pour démesler ce que je voy ?
Ce que j'ay fait tout seul, et que n'a veu personne,
A moins d'estre Moy-mesme, on ne le peut sçavoir.
Par cette question il faut que je l'étonne ;
C'est de quoy le confondre, et nous allons le voir.
— Lors qu'on estoit aux mains, que fis-tu dans nos Tentes,
    Où tu courus seul te fourrer ?

MERCURE

D'un jambon...

SOSIE

    — L'y voilà ! —

MERCURE

           Que j'allay déterrer,
Je coupay bravement deux tranches suculentes,
    Dont je sçeus fort bien me bourrer.

Et, joignant à cela d'un vin, que l'on ménage
Et dont, avant le goust, les yeux se contentoient,

Je pris un peu de courage
Pour nos Gens qui se battoient.

SOSIE

— Cette preuve sans pareille
En sa faveur conclut bien,
Et l'on n'y peut dire rien,
S'il n'éstoit dans la bouteille.

— Je ne sçaurois nier, aux preuves qu'on m'expose,
Que tu ne sois Sosie, et j'y donne ma voix.
Mais, si tu l'es, dy-moi qui tu veux que je sois,
Car encor faut-il bien que je sois quelque chose.

MERCURE

Quand je ne seray plus Sosie,
Sois-le, j'en demeure d'accord ;
Mais, tant que je le suis, je te garantis mort,
Si tu prens cette fantaisie.

SOSIE

Tout cet embarras met mon esprit sur les dents,
Et la Raison à ce qu'on voit s'oppose.

Mais il faut terminer enfin par quelque chose,
Et le plus court pour moy, c'est d'entrer là-dedans.

MERCURE

Ah, tu prens donc, pendart, goût à la bastonnade !

SOSIE

Ah, qu'est-ce cy, grands Dieux! Il frape un ton plus fort;
Et mon dos, pour un mois, en doit estre malade.
Laissons ce diable d'Homme, et retournons au Port.
O, juste Ciel, j'ay fait une belle ambassade!

MERCURE

Enfin, je l'ay fait fuir; et, sous ce traitement,
De beaucoup d'actions il a reçeu la peine.
Mais je voy Jupiter, que, fort civilement,
    Reconduit l'amoureuse Alcmène.

SCÈNE III

JUPITER, ALCMÈNE, CLEANTHIS, MERCURE

JUPITER

Défendez, chère Alcmène, aux flambeaux d'approcher;
Ils m'offrent des plaisirs en m'offrant vostre veue,
Mais ils pourroient icy découvrir ma venue
    Qu'il est à propos de cacher.
Mon amour, que gesnoient tous ces soins éclatans
Où me tenoit lié la gloire de nos armes,
Aux devoirs de ma Charge a volé les instans
    Qu'il vient de donner à vos charmes.
Ce vol, qu'à vos beautez mon cœur a consacré

Pourroit estre blâmé dans la bouche publique,
  Et j'en veux pour témoin unique
  Celle qui peut m'en sçavoir gré.

ALCMÈNE

Je prens, Amphitryon, grande part à la gloire
Que répandent sur vous vos illustres Exploits,
  Et l'éclat de vostre Victoire
Sçait toucher de mon cœur les sensibles endroits ;
  Mais, quand je voy que cet honneur fatal
  Eloigne de moy ce que j'aime,
Je ne puis m'empescher, dans ma tendresse extrême,
  De luy vouloir un peu de mal,
Et d'opposer mes vœux à cet Ordre suprême
  Qui des Thébains vous fait le Général.
C'est une douce chose, après une Victoire,
Que la Gloire où l'on voit ce qu'on aime élevé ;
Mais, parmy les périls meslez à cette gloire,
Un triste coup, hélas, est bientost arrivé.
De combien de frayeurs a-t-on l'âme blessée,
  Au moindre choc dont on entend parler ?
Voit-on, dans les horreurs d'une telle pensée,
  Par où jamais se consoler
  Du coup dont on est menacée ?
Et, de quelque Laurier qu'on couronne un Vainqueur,
Quelque part que l'on ait à cet honneur suprême,

Vaut-il ce qu'il en couste aux tendresses d'un cœur
Qui peut, à tout moment, trembler pour ce qu'il aime ?

JUPITER

Je ne vois rien en vous dont mon feu ne s'augmente ;
Tout y marque à mes yeux un cœur bien enflammé,
Et c'est, je vous l'avoue, une chose charmante
De trouver tant d'amour dans un Objet aimé.
Mais, si je l'ose dire, un scrupule me gesne
Aux tendres sentiments que vous me faites voir ;
Et, pour les bien goûter, mon amour, chère Alcmène,
Voudroit n'y voir entrer rien de vostre devoir,
Qu'à vostre seule ardeur, qu'à ma seule personne,
Je dûsse les faveurs que je reçois de vous,
Et que la qualité que j'ay de vostre Epous,
        Ne fust point ce qui me les donne.

ALCMÈNE

C'est de ce Nom, pourtant, que l'ardeur qui me brûle
        Tient le droict de paroistre au jour,
Et je ne comprens rien à ce nouveau scrupule
        Dont s'embarrasse vostre amour.

JUPITER

Ah, ce que j'ay pour vous d'ardeur et de tendresse,
        Passe aussi celle d'un Epous,
Et vous ne sçavez pas, dans des momens si doux,
        Quelle en est la délicatesse.

Vous ne concevez point qu'un Cœur bien amoureux
Sur cent petits égards s'attache avec étude,
      Et se fait une inquiétude
      De la manière d'estre heureux.
      En moy, belle et charmante Alcmène,
Vous voyez un Mary, vous voyez un Amant ;
Mais l'Amant seul me touche, à parler franchement,
Et je sens, près de vous, que le Mary le gesne.
Cet Amant, de vos vœux jaloux au dernier poinct,
Souhaite qu'à luy seul vostre Cœur s'abandonne ;
      Et sa passion ne veut point
      De ce que le Mary luy donne.
Il veut, de pure source, obtenir vos ardeurs,
Et ne veut rien tenir des nœuds de l'Hyménée,
Rien d'un fâcheux devoir qui fait agir les cœurs,
Et par qui, tous les jours, des plus chères faveurs
      La douceur est empoisonnée.
Dans le scrupule enfin dont il est combattu,
Il veut, pour satisfaire à sa délicatesse,
Que vous le sépariez d'avec ce qui le blesse ;
Que le Mary ne soit que pour vostre vertu ;
Et que de vostre Cœur, de bonté revestu,
L'Amant ait tout l'amour, et toute la tendresse.

ALCMÈNE

Amphitryon, en vérité,

Vous vous moquez de tenir ce langage ;
Et j'aurois peur qu'on ne vous crût pas sage,
Si de quelqu'un vous estiez écouté.

JUPITER

Ce discours est plus raisonnable,
Alcmène, que vous ne pensez ;
Mais un plus long séjour me rendroit trop coupable,
Et du retour au Port les momens sont pressez.
Adieu. De mon devoir l'étrange barbarie
Pour un temps m'arrache de vous ;
Mais, belle Alcmène, au moins, quand vous verrez l'Epous
Songez à l'Amant, je vous prie.

ALCMÈNE

Je ne sépare point ce qu'unissent les Dieux,
Et l'Epous et l'Amant me sont fort précieux

CLÉANTHIS

O Ciel, que d'aimables caresses
D'un Epous ardemment chéry,
Et que mon traistre de Mary
Est loin de toutes ces tendresses !

MERCURE

La Nuit, qu'il me faut avertir,
N'a plus qu'à plier tous ses voiles ;
Et, pour effacer les Etoiles,
Le Soleil de son lit peut maintenant sortir.

XX.   9

SCÈNE IV

CLÉANTHIS, MERCURE

Mercure veut s'en aller.

CLÉANTHIS

Quoy ! C'est ainsi que l'on me quitte !

MERCURE

Et comment donc ? Ne veux-tu pas
Que de mon devoir je m'acquitte,
Et que d'Amphitryon j'aille suivre les pas ?

CLÉANTHIS

Mais, avec cette brusquerie,
Traistre, de moy te séparer ?

MERCURE

Le beau sujet de fâcherie !
Nous avons tant de temps ensemble à demeurer.

CLÉANTHIS

Mais quoy, partir ainsi d'une façon brutale,
Sans me dire un seul mot de douceur pour régale !

MERCURE

Diantre, où veux-tu que mon Esprit,
T'aille chercher des fariboles !
Quinze ans de Mariage épuisent les paroles,
Et, depuis un long temps, nous nous sommes tout dit.

CLÉANTHIS

　Regarde, traistre, Amphitryon ;
Vois combien pour Alcmène il étale de flâme,
Et rougis, là-dessus, du peu de passion
　　　Que tu témoignes pour ta Femme.

MERCURE

Hé, mon Dieu, Cléanthis, ils sont encore Amans !
　　Il est certain âge où tout passe,
Et ce qui leur sied bien dans ces commencemens,
En nous, vieux Mariez, auroit mauvaise grace.
Il nous feroit beau voir attachez, face à face,
　　A pousser les beaux sentimens.

CLÉANTHIS

Quoi ! Suis-je hors d'état, perfide, d'espérer
　　Qu'un Cœur auprès de moy soupire !

MERCURE

　Non, je n'ay garde de le dire ;
Mais je suis trop Barbon pour oser soûpirer,
　　Et je ferois crever de rire.

CLÉANTHIS

Mérites-tu, pendart, cet insigne bonheur
De te voir, pour Epouse, une Femme d'honneur ?

MERCURE

　Mon Dieu, tu n'es que trop honneste ;
Ce grand honneur ne me vaut rien.

Ne sois point si Femme de bien,
Et me romps un peu moins la teste.

CLÉANTHIS

Comment, de trop bien vivre, on te voit me blâmer ?

MERCURE

La douceur d'une Femme est tout ce qui me charme ;
Et ta vertu fait un vacarme
Qui ne cesse de m'assommer.

CLÉANTHIS

Il te faudroit des Cœurs pleins de fausses tendresses,
De ces Femmes, aux beaux et louables talens,
Qui sçavent accabler leurs Maris de caresses,
Pour leur faire avaler l'usage des Galans.

MERCURE

Ma foy, veux-tu que je te dise ?
Un mal d'opinion ne touche que les Sots ;
Et je prendrois, pour ma Devise :
Moins d'honneur, et plus de repos.

CLÉANTHIS

Comment, tu souffrirois, sans nulle répugnance,
Que j'aimasse un Galant avec toute licence ?

MERCURE

Ouy, si je n'estois plus de tes cris rebattu,
Et qu'on te vist changer d'humeur et de méthode.
J'aime mieux un vice commode,

Qu'une fatigante vertu.
Adieu, Cléanthis, ma chère âme,
Il me faut suivre Amphitryon.

Il s'en va.

CLÉANTHIS

Pourquoy, pour punir cet infâme,
Mon Cœur n'a-t-il assez de résolution ?
Ah, que dans cette occasion,
J'enrage d'estre honneste Femme !

ACTE II

SCÈNE PREMIÈRE

AMPHITRYON, SOSIE

AMPHITRYON

IEN-ÇA, bourreau, vien-çà.
Sçais-tu, Maistre Fripon,
Qu'à te faire assommer ton
discours peut suffire,
Et que, pour te traiter comme
je le desire,
Mon courroux n'attend qu'un
baston.

SOSIE

Si vous le prenez sur ce ton,

Monsieur, je n'ay plus rien à dire,
Et vous aurez toujours raison.

AMPHITRYON

Quoy, tu veux me donner pour des véritez, traistre,
Des contes, que je vois d'extravagance outrés ?

SOSIE

Non. Je suis le Valet, et vous estes le Maistre ;
Il n'en sera, Monsieur, que ce que vous voudrez.

AMPHITRYON

Çà, je veux étouffer le courroux qui m'enflâme,
Et, tout du long, t'ouïr sur ta Commission.
        Il faut, avant que voir ma Femme,
Que je débrouille icy cette confusion.
Rappelle tous tes sens, rentre bien dans ton âme,
Et répons, mot pour mot, à chaque question.

SOSIE

        Mais, de peur d'incongruité,
        Dites-moy, de grâce, à l'avance
De quel air il vous plaist que cecy soit traité.
Parleray-je, Monsieur, selon ma conscience,
Ou comme auprès des Grands on le voit usité ?
        Faut-il dire la vérité,
        Ou bien user de complaisance ?

AMPHITRYON

Non ; je ne te veux obliger
Qu'à me rendre de tout un conte fort sincère.

SOSIE

Bon. C'est assez. Laissez-moy faire ;
Nous n'avez qu'à m'interroger.

AMPHITRYON

Sur l'ordre, que tantôt je t'avois sçeu prescrire...

SOSIE

Je suis party, les Cieux d'un noir crêpe voilez,
Pestant fort contre vous dans ce fâcheux martyre,
Et maudissant vingt fois l'ordre dont vous parlez.

AMPHITRYON

Comment, coquin ?

SOSIE

Monsieur, vous n'avez rien qu'à dire.
Je mentiray, si vous voulez.

AMPHITRYON

Voilà comme un Valet montre pour nous du zèle.
Passons. Sur les chemins, que t'est-il arrivé ?

SOSIE

D'avoir une frayeur mortelle
Au moindre objet que j'ay trouvé.

XX.   7

AMPHITRYON
Poltron !

SOSIE
En nous formant, Nature a ses caprices ;
Divers penchans en nous elle fait observer.
Les uns, à s'exposer, trouvent mille délices ;
    Moy, j'en trouve à me conserver.

AMPHITRYON
Arrivant au logis...

SOSIE
    J'ay, devant nostre Porte,
En moy-mesme voulu répéter un petit,
    Sur quel ton et de quelle sorte
Je ferois du Combat le glorieux récit.

AMPHITRYON
Ensuite ?

SOSIE
On m'est venu troubler, et mettre en peine.

AMPHITRYON
Et qui ?

SOSIE
    Sosie. Un Moy, de vos ordres jaloux,
Que vous avez, du Port, envoyé vers Alcmène,
Et qui de nos secrets a connoissance pleine,
    Comme le Moy qui parle à Vous.

AMPHITRYON
Quels contes !

SOSIE

Non, Monsieur; c'est la vérité pure.
Ce Moy, plûtost que Moy, s'est au Logis trouvé;
Et j'estois venu, je vous jure,
Avant que je fusse arrivé.

AMPHITRYON

D'où peut procéder, je te prie,
Ce galimatias maudit?
Est-ce songe? Est-ce yvrognerie?
Aliénation d'esprit?
Ou méchante plaisanterie?

SOSIE

Non, c'est la chose comme elle est,
Et point du tout conte frivole.
Je suis Homme d'honneur, j'en donne ma parole;
Et vous m'en croirez, s'il vous plaist.
Je vous dy que, croyant n'estre qu'un seul Sosie,
Je me suis trouvé deux chez Nous,
Et que, de ces deux Moy, piquez de jalousie,
L'un est à la Maison, et l'autre est avec Vous;
Que le Moy, que voicy, chargé de lassitude,
A trouvé l'autre Moy frais, gaillard et dispos,
Et n'ayant d'autre inquiétude
Que de battre, et casser des os.

AMPHITRYON

Il faut estre, je le confesse,
D'un esprit bien posé, bien tranquile, bien dous,
Pour souffrir qu'un Valet de chansons me repaisse.

SOSIE

Si vous vous mettez en courrous,
Plus de Conférence entre nous ;
Vous sçavez que d'abord tout cesse.

AMPHITRYON

Non, sans emportement je te veux écouter ;
Je l'ay promis. Mais dis ; en bonne conscience,
Au mystère nouveau que tu me viens conter,
    Est-il quelque ombre d'apparence ?

SOSIE

Non ; vous avez raison, et la chose à chacun
    Hors de créance doit paroistre.
    C'est un fait à n'y rien connoistre,
Un conte extravagant, ridicule, importun ;
    Cela choque le sens commun,
    Mais cela ne laisse pas d'estre.

AMPHITRYON

Le moyen d'en rien croire, à moins qu'estre insensé ?

SOSIE

Je ne l'ay pas crû Moy sans une peine extrême.

Je me suis, d'estre deux, senty l'esprit blessé,
Et, long-temps, d'imposteur j'ay traité ce Moy-même.
Mais à me reconnoistre enfin il m'a forcé ;
J'ay veu que c'estoit Moy, sans aucun stratagême.
Des piez jusqu'à la tête, il est comme Moy fait ;
Beau, l'air noble, bien pris, les manières charmantes ;
          Enfin, deux goutes de lait
          Ne sont pas plus ressemblantes,
Et, n'estoit que ses mains sont un peu trop pesantes,
          J'en serois fort satisfait.

AMPHITRYON

A quelle patience il faut que je m'exhorte !
Mais enfin, n'es-tu pas entré dans la Maison ?

SOSIE

          Bon, entré ? Hé, de quelle sorte ?
Ay-je voulu jamais entendre de raison ?
Et ne me suis-je pas interdit nostre Porte ?

AMPHITRYON

          Comment donc ?

SOSIE

                    Avec un baston,
Dont mon dos sent encore une douleur très forte.

AMPHITRYON

On t'a battu ?

SOSIE

Vrayment !

AMPHITRYON

Et qui ?

SOSIE

Moy.

AMPHITRYON

Toy, te battre ?

SOSIE

Ouy, Moy. Non pas le Moy d'icy,
Mais le Moy du Logis, qui frape comme quatre.

AMPHITRYON

Te confonde le Ciel de me parler ainsy !

SOSIE

Ce ne sont point des badinages.
Le Moy, que j'ay trouvé tantost,
Sur le Moy qui vous parle, a de grands avantages ;
Il a le bras fort, le cœur haut ;
J'en ay reçeu des témoignages,
Et ce Diable de Moy m'a rossé comme il faut.
C'est un Drôle qui fait des rages.

AMPHITRYON

Achevons. As-tu veu ma Femme ?

SOSIE

Non.

AMPHITRYON

Pourquoy ?

SOSIE

Par une raison assez forte.

AMPHITRYON

Qui t'a fait y manquer, maraut ? Explique-toy.

SOSIE

Faut-il le répéter vingt fois de mesme sorte ?
Moy, vous dy-je ; ce Moy, plus robuste que Moy ;
Ce Moy, qui s'est de force emparé de la Porte ;
  Ce Moy, qui m'a fait filer dous ;
  Ce Moy, qui le seul Moy veut estre ;
  Ce Moy, de Moy-mesme jalous ;
  Ce Moy vaillant, dont le courrous
  Au Moy poltron s'est fait connoistre ;
  Enfin ce Moy, qui suis chez Nous ;
  Ce Moy, qui s'est montré mon Maistre ;
  Ce Moy, qui m'a roué de coups.

AMPHITRYON

Il faut que, ce matin, à force de trop boire,
  Il se soit troublé le cerveau.

SOSIE

Je veux estre pendu, si j'ai beu que de l'eau ;
  A mon serment on m'en peut croire.

AMPHITRYON

Il faut donc qu'au sommeil tes sens se soient portez,
Et qu'un Songe fâcheux, dans ses confus mystères,
    T'ait fait voir toutes les chimères
    Dont tu me fais des véritez.

SOSIE

    Tout aussi peu. Je n'ay point sommeillé,
    Et n'en ay mesme aucune envie.
    Je vous parle bien éveillé ;
J'estois bien éveillé ce matin, sur ma vie,
Et bien éveillé mesme estoit l'autre Sosie,
    Quand il m'a si bien étrillé.

AMPHITRYON

    Suy-moy, je t'impose silence.
    C'est trop me fatiguer l'esprit,
Et je suis un vray fou d'avoir la patience
D'écouter, d'un Valet, les sottises qu'il dit.

SOSIE

    — Tous les discours sont des sottises,
    Partant d'un Homme sans éclat ;
    Ce seroient paroles exquises,
    Si c'estoit un Grand qui parlast.

AMPHITRYON

Entrons, sans davantage attendre.

Mais Alcmène paroist avec tous ses appas ;
En ce moment, sans doute, elle ne m'attend pas,
Et mon abord la va surprendre.

SCÈNE II

ALCMÈNE, CLÉANTHIS, AMPHITRYON, SOSIE

ALCMÈNE

Allons, pour mon Epous, Cléanthis, vers les Dieux
Nous acquiter de nos hommages,
Et les remercier des succès glorieux,
Dont Thèbes, par son bras, goûte les avantages.
— O Dieux !

AMPHITRYON

Fasse le Ciel qu'Amphitryon, vainqueur,
Avec plaisir soit reveu de sa Femme,
Et que ce jour, favorable à ma flâme,
Vous redonne à mes yeux avec le mesme cœur ;
Que j'y retrouve autant d'ardeur
Que vous en raporte mon âme !

ALCMÈNE

Quoy ! De retour si-tost ?

AMPHITRYON

Certes, c'est, en ce jour,

XX.   8

Me donner de vos feux un mauvais témoignage;
    Et ce : *Quoy, si-tost de retour ?*
En ces occasions, n'est guère le langage
    D'un Cœur bien enflâmé d'amour.
    J'osois me flater, en moy-même,
  Que loin de vous j'aurois trop demeuré.
L'attente d'un retour ardemment desiré
Donne à tous les instans une longueur extrême,
    Et l'absence de ce qu'on aime,
Quelque peu qu'elle dure, a toûjours trop duré.

ALCMÈNE

Je ne voy...

AMPHITRYON

    Non, Alcmène; à son impatience
On mesure le temps en de pareils états,
  Et vous comptez les momens de l'absence
    En personne qui n'aime pas.
    Lors que l'on aime comme il faut,
    Le moindre éloignement nous tue,
    Et ce dont on chérit la veue
    Ne revient jamais assez tost.
    De vostre accueil, je le confesse,
Se plaint icy mon amoureuse ardeur,
    Et j'attendois, de vostre Cœur,
D'autres transports de joye et de tendresse.

ALCMÈNE

J'ay peine à comprendre sur quoy
Vous fondez les discours que je vous entens faire ;
       Et, si vous vous plaignez de moy,
       Je ne sais pas, de bonne foy,
       Ce qu'il faut pour vous satisfaire.
Hier au soir, ce me semble, à vostre heureux retour,
On me vit témoigner une joye assez tendre,
       Et rendre aux soins de vostre amour
Tout ce que de mon Cœur vous aviez lieu d'attendre.

AMPHITRYON

Comment ?

ALCMÈNE

       Ne fis-je pas éclater à vos yeux
Les soudains mouvemens d'une entière allégresse,
Et le transport d'un Cœur peut-il s'expliquer mieux
Au retour d'un Epous qu'on aime avec tendresse ?

AMPHITRYON

Que me dites-vous là ?

ALCMÈNE

              Que mesme vostre amour
Montra de mon accueil une joye incroyable ;
Et que, m'ayant quittée à la pointe du jour,
       Je ne voy pas qu'à ce soudain retour
       Ma surprise soit si coupable.

AMPHITRYON

Est-ce que du retour, que j'ay précipité,
Un Songe, cette nuit, Alcmène, dans vostre âme
  A prévenu la vérité ?
Et que, m'ayant peut-estre, en dormant, bien traité,
  Vostre Cœur se croit, vers ma flâme,
  Assez amplement acquité ?

ALCMÈNE

Est-ce qu'une vapeur, par sa malignité,
  Amphitryon, a, dans vostre âme,
Du retour d'hyer au soir brouillé la vérité ?
Et que, du doux accueil, duquel je m'acquitay,
  Vostre cœur prétend à ma flâme
  Ravir toute l'honnesteté ?

AMPHITRYON

  Cette vapeur, dont vous me régalez,
  Est un peu, ce me semble, étrange.

ALCMÈNE

  C'est ce qu'on peut donner, pour change,
  Au Songe dont vous me parlez.

AMPHITRYON

  A moins d'un Songe, on ne peut pas, sans doute,
Excuser ce qu'icy vostre bouche me dit ;

ALCMÈNE

A moins d'une vapeur, qui vous trouble l'esprit,
On ne peut pas sauver ce que de vous j'écoute.

AMPHITRYON

Laissons un peu cette vapeur, Alcmène;

ALCMÈNE

Laissons un peu ce Songe, Amphitryon.

AMPHITRYON

Sur le sujet, dont il est question,
Il n'est guère de jeu que trop loin on ne mène.

ALCMÈNE

Sans doute, et, pour marque certaine,
Je commence à sentir un peu d'émotion.

AMPHITRYON

Est-ce donc que, par là, vous voulez essayer
A réparer l'accueil dont je vous ay fait plainte ?

ALCMÈNE

Est-ce donc que, par cette feinte,
Vous desirez vous égayer ?

AMPHITRYON

Ah, de grâce, cessons, Alcmène, je vous prie,
Et parlons sérieusement !

ALCMÈNE

Amphitryon, c'est trop pousser l'amusement;
    Finissons cette raillerie.

AMPHITRYON

   Quoy! Vous osez me soutenir, en face,
Que plutost qu'à cette heure on m'ait icy pû voir?

ALCMÈNE

   Quoy! Vous voulez nier, avec audace,
Que, dès hyer, en ces lieux, vous vinstes sur le soir?

AMPHITRYON

Moy, je vins hyer?

ALCMÈNE

     Sans doute, et, dès devant l'aurore,
Vous vous en estes retourné.

AMPHITRYON

— Ciel! Un pareil débat s'est-il pû voir encore,
Et qui, de tout cecy, ne seroit étonné?
— Sosie...

SOSIE

   Elle a besoin de six grains d'élébore;
Monsieur, son esprit est tourné.

AMPHITRYON

   Alcmène, au nom de tous les Dieux,
Ce discours a d'étranges suites;

Reprenez vos sens un peu mieux,
Et pensez à ce que vous dites.

ALCMÈNE

J'y pense mûrement aussy,
Et tous ceux du Logis ont veu vostre arrivée.
J'ignore quel motif vous fait agir ainsy ;
Mais, si la chose avoit besoin d'estre prouvée,
S'il estoit vray qu'on pût ne s'en souvenir pas,
De qui puis-je tenir, que de vous, la nouvelle
Du dernier de tous vos Combats,
Et les cinq diamans que portoit Ptérélas,
Qu'a fait dans la Nuit éternelle
Tomber l'effort de vostre bras ?
En pourroit-on vouloir un plus seur témoignage ?

AMPHITRYON

Quoy ! Je vous ay déjà donné
Le nœud de diamans que j'eus pour mon partage,
Et que je vous ay destiné ?

ALCMÈNE

Assurément. Il n'est pas difficile
De vous en bien convaincre.

AMPHITRYON

Et comment ?

ALCMÈNE

Le voicy.

AMPHITRYON

Sosie !

SOSIE

Elle se moque, et je le tiens icy ;
Monsieur, la feinte est inutile.

AMPHITRYON

Le cachet est entier.

ALCMÈNE

Est-ce une vision ?
Tenez. Trouverez-vous cette preuve assez forte ?

AMPHITRYON

Ah Ciel ! O juste Ciel !

ALCMÈNE

Allez, Amphitryon,
Vous vous moquez d'en user de la sorte,
Et vous en devriez avoir confusion.

AMPHITRYON

Romps viste ce cachet.

SOSIE, *ayant ouvert le coffret :*

Ma foy, la place est vuide.
Il faut que, par Magie, on ait sçeu le tirer,
Ou bien que, de luy-mesme, il soit venu, sans Guide,
Vers celle qu'il a sçeu qu'on en vouloit parer.

AMPHITRYON

— O Dieux, dont le pouvoir sur les choses préside,

Quelle est cette aventure, et qu'en puis-je augurer
　　Dont mon amour ne s'intimide ?

SOSIE

Si sa bouche dit vray, nous avons mesme sort,
Et, de mesme que moy, Monsieur, vous estes double.

AMPHITRYON

　Tay-toy.

ALCMÈNE

　　Sur quoy vous étonner si fort,
　Et d'où peut naistre ce grand trouble ?

AMPHITRYON

　— O Ciel, quel étrange embarras !
Je vois des incidens qui passent la Nature,
　Et mon Honneur redoute une aventure,
　　Que mon Esprit ne comprend pas.

ALCMÈNE

Songez-vous, en tenant cette preuve sensible,
A me nier encor vostre retour pressé ?

AMPHITRYON

Non ; mais, à ce retour, daignez, s'il est possible,
　Me conter ce qui s'est passé.

ALCMÈNE

Puis que vous demandez un récit de la chose,
Vous voulez dire donc que ce n'estoit pas vous ?

XX.　　　　　　　　　　　　　9

AMPHITRYON

Pardonnez-moy; mais j'ay certaine cause,
Qui me fait demander ce récit entre nous.

ALCMÈNE

Les soucis importans, qui vous peuvent saisir,
Vous ont-ils fait si viste en perdre la mémoire?

AMPHITRYON

Peut-estre; mais enfin vous me ferez plaisir
De m'en dire toute l'histoire.

ALCMÈNE

L'histoire n'est pas longue. A vous je m'avançay,
Pleine d'une aimable surprise;
Tendrement je vous embrassay,
Et témoignay ma joie, à plus d'une reprise.

AMPHITRYON *en soy-mesme :*

Ah, d'un si doux accueil je me serois passé!

ALCMÈNE

Vous me fistes d'abord ce présent d'importance,
Que, du Butin conquis, vous m'aviez destiné.
Vostre Cœur avec véhémence
M'étala de ses feux toute la violence,
Et les soins importuns qui l'avoient enchaisné;
L'aise de me revoir; les tourmens de l'absence;
Tout le soucy, que son impatience

Pour le retour s'estoit donné,
Et jamais vostre amour, en pareille occurence,
Ne me parut si tendre, et si passionné.

AMPHITRYON *en soy-mesme :*

Peut-on plus vivement se voir assassiné ?

ALCMÈNE

Tous ces transports, toute cette tendresse,
Comme vous croyez bien, ne me déplaisoient pas ;
Et, s'il faut que je le confesse,
Mon Cœur, Amphitryon, y trouvoit mille appas.

AMPHITRYON

Ensuite, s'il vous plaist ?

ALCMÈNE

Nous nous entrecoupâmes
De mille questions qui pouvoient nous toucher.
On servit. Teste à teste, ensemble nous soupâmes,
Et, le soupé finy, nous nous fûmes coucher.

AMPHITRYON

Ensemble ?

ALCMÈNE

Assurément. Quelle est cette demande ?

AMPHITRYON

Ah, c'est icy le coup le plus cruel de tous,
Et dont, à s'assurer, trembloit mon feu jalous.

ALCMÈNE

D'où vous vient, à ce mot, une rougeur si grande ?
Ay-je fait quelque mal de coucher avec vous ?

AMPHITRYON

Non, ce n'estoit pas moy, pour ma douleur sensible ;
Et qui dit qu'hyer icy mes pas se sont portez,
  Dit, de toutes les faussetez,
  La fausseté la plus horrible.

ALCMÈNE

Amphitryon !

AMPHITRYON

  Perfide !

ALCMÈNE

   Ah, quel emportement ?

AMPHITRYON

Non, non ; plus de douceur, et plus de déférence.
Ce revers vient à bout de toute ma constance,
Et mon Cœur ne respire, en ce fatal moment,
  Et que fureur, et que vangeance.

ALCMÈNE

De qui donc vous vanger ? Et quel manque de foy
  Vous fait icy me traiter de coupable ?

AMPHITRYON

  Je ne sçay pas ; mais ce n'estoit pas moy,
Et c'est un désespoir, qui de tout rend capable.

ALCMÈNE

Allez, indigne Epous, le fait parle de soy,
        Et l'imposture est effroyable.
        C'est trop me pousser là-dessus,
Et d'infidélité me trop voir condamnée.
    Si vous cherchez, dans ces transports confus,
Un prétexte à briser les nœuds d'un Hyménée
        Qui me tient à vous enchaisnée,
        Tous ces détours sont superflus ;
        Et me voilà déterminée
A souffrir qu'en ce jour nos liens soient rompus.

AMPHITRYON

Après l'indigne affront que l'on me fait connoistre,
C'est bien à quoy, sans doute, il faut vous préparer.
C'est le moins qu'on doit voir, et les choses, peut-estre,
        Pourront n'en pas là demeurer.
Le deshonneur est sûr ; mon malheur m'est visible,
Et mon amour en vain voudroit me l'obscurcir,
Mais le détail encor ne m'en est pas sensible,
Et mon juste courrous prétend s'en éclaircir.
Vostre Frère, déjà, peut hautement répondre
Que, jusqu'à ce matin, je ne l'ay point quitté ;
Je m'en vais le chercher, afin de vous confondre
Sur ce retour qui m'est faussement imputé.
Après, nous percerons jusqu'au fond d'un mystère

Jusques à présent inouy,
Et, dans les mouvements d'une juste colère,
Malheur à qui m'aura trahy.

SOSIE

Monsieur...

AMPHITRYON

Ne m'accompagne pas,
Et demeure icy, pour m'attendre.

CLEANTHIS

Faut-il...

ALCMÈNE

Je ne puis rien entendre.
Laisse-moy seule, et ne suy point mes pas.

SCÈNE III

CLEANTHIS, SOSIE

CLEANTHIS

Il faut que quelque chose ait brouillé sa cervelle;
Mais le Frère, sur le champ,
Finira cette querelle.

SOSIE

C'est icy, pour mon Maistre, un coup assez touchant,

Et son aventure est cruelle.
Je crains fort, pour mon fait, quelque chose approchant,
Et je m'en veux, tout doux, éclaircir avec elle.

CLEANTHIS

Voyez s'il me viendra seulement aborder,
Mais je veux m'empescher de rien faire paroistre.

SOSIE

La chose quelquefois est fâcheuse à connoistre,
Et je tremble à la demander.
Ne vaudroit-il pas mieux, pour ne rien hazarder,
Ignorer ce qu'il en peut estre ?
Allons, tout coup vaille, il faut voir,
Et je ne m'en sçaurois défendre.
La foiblesse humaine est d'avoir
Des curiosités d'apprendre
Ce qu'on ne voudroit pas sçavoir.
— Dieu te gard', Cléanthis.

CLEANTHIS

Ah, ah, tu t'en avises,
Traistre, de t'aprocher de nous !

SOSIE

Mon Dieu, qu'as-tu ? Toujours on te voit en courrous,
Et sur rien tu te formalises ?

CLEANTHIS

Qu'appelles-tu sur rien ? Dy ?

SOSIE

J'appelle sur rien
Ce qui sur rien s'appelle, en vers, ainsi qu'en prose,
Et rien, comme tu le sçais bien,
Veut dire rien, ou peu de chose.

CLEANTHIS

Je ne sçay qui me tient, infâme,
Que je ne t'arrache les yeux,
Et ne t'apprenne où va le courrous d'une Femme.

SOSIE

Holà. D'où te vient donc ce transport furieux ?

CLEANTHIS

Tu n'appelles donc rien le procédé, peut-estre,
Qu'avec moy ton Cœur a tenu ?

SOSIE

Et quel ?

CLEANTHIS

Quoy, tu fais l'ingénu !
Est-ce qu'à l'exemple du Maistre,
Tu veux dire qu'icy tu n'es pas revenu ?

SOSIE

Non, je sçay fort bien le contraire,
Mais, je ne t'en fais pas le fin,
Nous avions bû de je ne sçay quel vin,
Qui m'a fait oublier tout ce que j'ay pû faire.

CLEANTHIS

Tu crois, peut-estre, excuser par ce trait...

SOSIE

Non, tout de bon ; tu m'en peux croire.
J'estois dans un estat, où je puis avoir fait
Des choses, dont j'aurois regret,
Et dont je n'ay nulle mémoire.

CLEANTHIS

Tu ne te souviens point du tout de la manière
Dont tu m'as sçeu traiter, estant venu du Port ?

SOSIE

Non plus que rien ; tu peux m'en faire le raport.
Je suis équitable et sincère,
Et me condamneray moy-mesme, si j'ay tort.

CLEANTHIS

Comment ! Amphitryon m'ayant sçeu disposer,
Jusqu'à ce que tu vins j'avois poussé ma veille,
Mais je ne vis jamais une froideur pareille ;
De ta Femme il fallut moy-mesme t'aviser ;
Et, lors que je fus te baiser,
Tu détournas le nez, et me donnas l'oreille.

SOSIE

Bon.

CLEANTHIS

Comment, bon ?

XX.   10

SOSIE

Mon Dieu, tu ne sçais pas pourquoy,
Cléanthis, je tiens ce langage !
J'avois mangé de l'ail, et fis en Homme sage
De détourner un peu mon haleine de toy.

CLEANTHIS

Je te sçeus exprimer des tendresses de Cœur,
Mais à tous mes discours tu fus comme une souche,
Et jamais un mot de douceur
Ne te put sortir de la bouche.

SOSIE

Courage.

CLEANTHIS

Enfin, ma flâme eut beau s'émanciper,
Sa chaste ardeur, en toy, ne trouva rien que glace ;
Et, dans un tel retour, je te vis la tromper
Jusqu'à faire refus de prendre au lit la place,
Que les Loix de l'Hymen t'obligent d'occuper.

SOSIE

Quoy ! Je ne couchay point ?

CLEANTHIS

Non, lâche.

SOSIE

Est-il possible ?

CLEANTHIS

Traistre, il n'est que trop assuré ;
C'est, de tous les affronts, l'affront le plus sensible,
Et, loin que, ce matin, ton Cœur l'ait réparé,
Tu t'es d'avec moy séparé,
Par des discours chargez d'un mespris tout visible.

SOSIE

Vivat, Sosie.

CLEANTHIS

Hé quoy, ma plainte a cet effet !
Tu ris, après ce bel ouvrage ?

SOSIE

Que je suis de moy satisfait !

CLEANTHIS

Exprime-t-on ainsi le regret d'un outrage ?

SOSIE

Je n'aurois jamais crû que j'eusse esté si sage.

CLEANTHIS

Loin de te condamner d'un si perfide trait,
Tu m'en fais éclater la joye en ton visage.

SOSIE

Mon Dieu, tout doucement ! Si je parois joyeux,
Croy que j'en ay, dans l'âme, une raison très forte,

Et que, sans y penser, je ne fis jamais mieux
Que d'en user tantost avec toy de la sorte.

CLEANTHIS

Traistre, te mocques-tu de moy ?

SOSIE

Non, je te parle avec franchise.
En l'état où j'estois, j'avois certain éfroy,
Dont, avec ton discours, mon âme s'est remise.
Je m'appréhendois fort, et craignois qu'avec toy
Je n'eusse fait quelque sottise.

CLEANTHIS

Quelle est cette frayeur, et sçachons donc pourquoy...

SOSIE

Les Médecins disent, quand on est yvre,
Que de sa Femme on se doit abstenir,
Et que, dans cet état, il ne peut provenir
Que des Enfans pesans, et qui ne sçauroient vivre.
Voy, si mon cœur n'eût sçeu de froideur se munir,
Quels inconvéniens auroient pû s'en ensuivre !

CLEANTHIS

Je me moque des Médecins
Avec leurs raisonnemens fades.
Qu'ils règlent ceux qui sont malades,
Sans vouloir gouverner les gens qui sont bien sains.

Ils se mêlent de trop d'affaires,
De prétendre tenir nos chastes feux gesnez;
Et sur les Jours Caniculaires,
Ils nous donnent encor, avec leurs loix sévères,
De cent sots contes par le nez.

SOSIE

Tout doux.

CLEANTHIS

Non, je soutiens que cela conclut mal;
Ces raisons sont raisons d'extravagantes testes.
Il n'est ny vin, ny temps qui puisse estre fatal
A remplir le devoir de l'amour conjugal,
Et les Médecins sont des Bestes.

SOSIE

Contr'eux, je t'en supplie, apaise ton courrous;
Ce sont d'honnestes gens, quoy que le Monde en dise.

CLEANTHIS

Tu n'es pas où tu crois. En vain tu files dous;
Ton excuse n'est point une excuse de mise,
Et je me veux vanger, tost ou tard, entre nous,
De l'air dont, chaque jour, je voy qu'on me méprise.
Des discours de tantost je garde tous les coups,
Et tâcheray d'user, lâche et perfide Epous,
De cette liberté que ton Cœur m'a permise.

SOSIE

Quoy ?

CLEANTHIS

Tu m'as dit tantost que tu consentois fort,
Lâche ! que j'en aimasse un autre.

SOSIE

Ah, pour cet article, j'ay tort.
Je m'en dédis ; il y va trop du nostre.
Garde-toy bien de suivre ce transport.

CLEANTHIS

Si je puis une fois pourtant
Sur mon Esprit gagner la chose...

SOSIE

Fais à ce discours quelque pause ;
Amphitryon revient, qui me paroist content.

SCÈNE IV

JUPITER, CLEANTHIS, SOSIE

JUPITER

Je viens prendre le temps de rapaiser Alcmène,
De bannir les chagrins que son Cœur veut garder,
Et donner à mes feux, dans ce soin qui m'amène,

Le doux plaisir de se raccommoder.
   — Alcmène est là-haut, n'est-ce pas ?

CLEANTHIS

Ouy, pleine d'une inquiétude
Qui cherche de la solitude,
Et qui m'a défendu d'accompagner ses pas.

JUPITER

Quelqu'e défense qu'elle ait faite,
Elle ne sera pas pour moy.

CLEANTHIS

Son chagrin, à ce que je voy,
A fait une prompte retraite.

SCÈNE V

SOSIE, CLEANTHIS

SOSIE

Que dis-tu, Cléanthis, de ce joyeux maintien,
Après son fracas effroyable ?

CLEANTHIS

Que, si toutes nous faisions bien,
Nous donnerions tous les Hommes au Diable,
Et que le meilleur n'en vaut rien.

SOSIE

Cela se dit dans le courrous ;
Mais aux Hommes, par trop vous estes acrochées ;
Et vous seriez, ma foy, toutes bien empeschées,
Si le Diable les prenoit tous.

CLEANTHIS

Vrayment...

SOSIE

Les voicy. Taisons-nous.

SCÈNE VI

JUPITER, ALCMÈNE, CLEANTHIS, SOSIE

JUPITER

Voulez-vous me désespérer ?
Hélas, arrestez, belle Alcmène.

ALCMÈNE

Non ; avec l'auteur de ma peine
Je ne puis du tout demeurer.

JUPITER

De grâce...

ALCMÈNE

Laissez-moy.

JUPITER

Quoy...

ALCMÈNE

Laissez-moy, vous dis-je.

JUPITER

— Ses pleurs touchent mon âme, et sa douleur m'afflige.
— Souffrez que mon cœur...

ALCMÈNE

Non; ne suivez point mes pas.

JUPITER

Où voulez-vous aller ?

ALCMÈNE

Où vous ne serez pas.

JUPITER

Ce vous est une attente vaine.
Je tiens à vos beautez par un nœud trop serré
Pour pouvoir un moment en estre séparé.
Je vous suivray partout, Alcmène.

ALCMÈNE

Et moy, partout je vous fuyray.

JUPITER

Je suis donc bien épouvantable ?

ALCMÈNE

Plus qu'on ne peut dire, à mes yeux.

XX.   II

Ouy, je vous voy comme un Monstre éfroyable;
Un Monstre cruel, furieux,
Et dont l'approche est redoutable;
Comme un Monstre à fuir en tous lieux.
Mon Cœur souffre, à vous voir, une peine incroyable;
C'est un suplice qui m'accable,
Et je ne vois rien, sous les Cieux,
D'affreux, d'horrible, d'odieux,
Qui ne me fust plus que vous suportable,

JUPITER

En voilà bien, hélas, que vostre bouche dit !

ALCMÈNE

J'en ay dans le Cœur davantage;
Et, pour s'exprimer tout, ce Cœur a du dépit
De ne point trouver de langage.

JUPITER

Hé, que vous a donc fait ma flâme,
Pour me pouvoir, Alcmène, en Monstre regarder !

ALCMÈNE

Ah, juste Ciel! Cela se peut-il demander ?
Et n'est-ce pas pour mettre à bout une âme ?

JUPITER

Ah, d'un esprit plus adouci !...

ALCMÈNE

Non ; je ne veux, du tout, vous voir, ny vous entendre.

JUPITER

Avez-vous bien le cœur de me traiter ainsy ?
    Est-ce là cet amour si tendre,
Qui devoit tant durer, quand je vins hyer icy ?

ALCMÈNE

Non, non, ce ne l'est pas, et vos lâches injures
    En ont autrement ordonné.
Il n'est plus, cet amour, tendre et passionné ;
Vous l'avez, dans mon Cœur, par cent vives blessures,
    Cruellement assassiné.
    C'est, en sa place, un courrous inflexible ;
Un vif ressentiment ; un dépit invincible ;
Un désespoir d'un Cœur, justement animé,
Qui prétend vous haïr, pour cet affront sensible,
Autant qu'il est d'accord de vous avoir aimé,
    Et c'est haïr autant qu'il est possible.

JUPITER

Hélas, que vostre amour n'avoit guère de force,
Si de si peu de chose on le peut voir mourir !
Ce qui n'étoit que jeu doit-il faire un divorce,
Et d'une raillerie a-t-on lieu de s'aigrir ?

ALCMÈNE

Ah, c'est cela dont je suis offencée,

Et que ne peut pardonner mon courrous !

Des véritables traits d'un mouvement jalous

Je me trouverois moins blessée.

La Jalousie a des impressions,

Dont bien souvent la force nous entraisne ;

Et l'Ame la plus sage, en ces occasions,

Sans doute, avec assez de peine,

Répond de ses émotions.

L'emportement d'un Cœur, qui peut s'estre abusé,

A de quoy ramener une Ame qu'il offence ;

Et, dans l'amour qui luy donne naissance,

Il trouve au moins, malgré toute sa violence,

Des raisons pour estre excusé.

De semblables transports, contre un ressentiment,

Pour défense toûjours ont ce qui les fait naître,

Et l'on donne grace aisément

A ce dont on n'est pas le Maistre.

Mais que, de gayeté de cœur,

On passe aux mouvemens d'une fureur extrême ;

Que, sans cause, l'on vienne, avec tant de rigueur,

Blesser la tendresse et l'honneur

D'un Cœur, qui chèrement nous aime ;

Ah, c'est un coup trop cruel en luy-mesme,

Et que jamais n'oublîra ma douleur !

JUPITER

Ouy, vous avez raison, Alcmène, il se faut rendre;
Cette action, sans doute, est un crime odieux;
        Je ne prétens plus le défendre,
Mais souffrez que mon Cœur s'en défende à vos yeux,
        Et donne au vostre à qui se prendre
        De ce transport injurieux.
    A vous en faire un aveu véritable,
    . L'Epous, Alcmène, a commis tout le mal;
C'est l'Epous qu'il vous faut regarder en coupable.
L'Amant n'a point de part à ce transport brutal,
Et, de vous offenser, son Cœur n'est point capable.
Il a pour vous, ce Cœur, pour jamais y penser,
        Trop de respect et de tendresse,
Et, si de faire rien à vous pouvoir blesser
        Il avoit eu la coupable foiblesse,
De cent coups, à vos yeux, il voudroit le percer.
Mais l'Epous est sorty de ce respect soumis
        Où pour vous on doit toûjours estre;
A son dur procédé l'Epous s'est fait connoistre,
Et, par le droit d'Hymen, il s'est crû tout permis.
Ouy, c'est luy qui, sans doute, est criminel vers vous;
Luy seul a mal traitté vostre aimable personne.
        Haïssez, détestez l'Epous;
        J'y consens, et vous l'abandonne,
Mais, Alcmène, sauvez l'Amant de ce courrous

Qu'une telle offense vous donne ;
N'en jettez pas sur luy l'effet.
Démeslez-le un peu du coupable ;
Et, pour estre enfin équitable,
Ne le punisséz point de ce qu'il n'a pas fait.

ALCMÈNE

Ah, toutes ces subtilitez
N'ont que des excuses frivoles,
Et, pour les esprits irritez, .
Ce sont des contre-temps que de telles paroles !
Ce détour ridicule est en vain pris par vous.
Je ne distingue rien en celuy qui m'offence ;
Tout y devient l'objet de mon courroux,
Et, dans sa juste violence,
Sont confondus et l'Amant et l'Epous.
Tous deux, de mesme sorte, occupent ma pensée,
Et des mesmes couleurs, par mon Ame blessée,
Tous deux ils sont peints à mes yeux ;
Tous deux sont criminels ; tous deux m'ont offensée,
Et tous deux me sont odieux.

JUPITER

Hé bien, puis que vous le voulez,
Il faut donc me charger du crime.
Ouy, vous avez raison, lors que vous m'immolez
A vos ressentimens, en coupable victime.

Un trop juste dépit contre moy vous anime,
Et tout ce grand courroux, qu'icy vous étalez,
Ne me fait endurer qu'un tourment légitime.
  C'est avec droict que mon abord vous chasse,
   Et que de me fuir en tous lieux
   Vostre colère me menace.
  Je dois vous estre un Objet odieux;
Vous devez me vouloir un mal prodigieux;
Il n'est aucune horreur que mon forfait ne passe
   D'avoir offensé vos beaux yeux;
C'est un crime à blesser les Hommes et les Dieux,
Et je mérite enfin, pour punir cette audace,
  Que, contre moy, vostre haine ramasse
   Tous ses traits les plus furieux.
  Mais mon Cœur vous demande grâce;
Pour vous la demander, je me jette à genoux,
Et la demande au nom de la plus vive flâme,
  Du plus tendre amour, dont une âme
  Puisse jamais brûler pour vous.
  Si vostre cœur, charmante Alcmène,
Me refuse la grâce, où j'ose recourir,
  Il faut qu'une atteinte soudaine
  M'arrache, en me faisant mourir,
  Aux dures rigueurs d'une peine
  Que je ne sçaurois plus souffrir.
  Ouy, cet état me desespère;

Alcmène, ne présumez pas
Qu'aimant, comme je fais, vos célestes appas,
Je puisse vivre un jour avec vostre colère.
Déjà, de ces momens la barbare longueur
          Fait, sous des atteintes mortelles,
          Succomber tout mon triste Cœur,
Et de mille vautours les blessures cruelles
N'ont rien de comparable à ma vive douleur.
Alcmène, vous n'avez qu'à me le déclarer,
S'il n'est point de pardon que je doive espérer,
Cette épée aussi-tost, par un coup favorable,
Va percer, à vos yeux, le Cœur d'un misérable,
Ce Cœur, ce traistre Cœur, trop digne d'expirer
Puis qu'il a pû fâcher un Objet adorable.
Heureux, en descendant au Ténébreux Séjour,
Si de vostre courrous mon trépas vous rameine,
Et ne laisse en vostre Ame, après ce triste jour,
          Aucune impression de haine
          Au souvenir de mon amour;
C'est tout ce que j'attens, pour faveur souveraine.

ALCMÈNE

Ah, trop cruel Epous!

JUPITER

Dites, parlez, Alcmène.

ALCMÈNE

Faut-il encor pour vous conserver des bontez,
Et vous voir m'outrager par tant d'indignitez?

JUPITER

Quelque ressentiment qu'un outrage nous cause,
Tient-il contre un remords d'un Cœur bien enflâmé?

ALCMÈNE

Un cœur, bien plein de flâme, à mille morts s'expose
Plûtost que de vouloir fâcher l'Objet aimé.

JUPITER

Plus on aime quelqu'un, moins on trouve de peine...

ALCMÈNE

Non, ne m'en parlez point ; vous méritez ma haine.

JUPITER

Vous me haïssez donc ?

ALCMÈNE

                    J'y fais tout mon effort,
Et j'ay dépit de voir que toute vostre offence
Ne puisse de mon Cœur, jusqu'à cette vangeance,
        Faire encore aller le transport.

JUPITER

    Mais pourquoy cette violence,

XX.   12

Puis que, pour vous vanger, je vous offre ma mort ?
Prononcez-en l'Arrest, et j'obéis sur l'heure.

ALCMÈNE

Qui ne sçauroit haïr, peut-il vouloir qu'on meure ?

JUPITER

Et moy, je ne puis vivre, à moins que vous quittiez
    Cette colère, qui m'accable,
Et que vous m'accordiez le pardon favorable,
    Que je vous demande à vos piez.
    Résolvez icy l'un des deux,
    Ou de punir, ou bien d'absoudre.

ALCMÈNE

    Hélas, ce que je puis résoudre
    Paroist bien plus que je ne veux !
Pour vouloir soutenir le courrous qu'on me donne,
    Mon Cœur a trop sçeû me trahir.
    Dire qu'on ne sçauroit haïr,
    N'est-ce pas dire qu'on pardonne ?

JUPITER

Ah, belle Alcmène, il faut que, comblé d'allégresse...

ALCMÈNE

Laissez. Je me veux mal de mon trop de foiblesse.

JUPITER

    Va, Sosie, et dépesche-toy ;

Voy, dans les doux transports dont mon âme est charmée,
Ce que tu trouveras d'Officiers de l'Armée,
    Et les invite à dïsner avec moy.
    — Tandis que d'icy je le chasse,
    Mercure y remplira sa place.

SCÈNE VII

CLEANTHIS, SOSIE

SOSIE

Hé bien, tu vois, Cléanthis, ce ménage.
    Veux-tu qu'à leur exemple, icy,
Nous fassions, entre nous, un peu de paix aussy,
    Quelque petit rapatriage ?

CLEANTHIS

C'est pour ton nez, vrayment. Cela se fait ainsy ?

SOSIE

Quoy, tu ne veux pas ?

CLEANTHIS

    Non.

SOSIE

        Il ne m'importe guère ;
    Tant pis pour toy.

CLEANTHIS

        Là, là, revien.

SOSIE

Non, morbleu. Je n'en feray rien,
Et je veux estre, à mon tour, en colère.

CLEANTHIS

Va, va, Traistre, laisse-moy faire ;
On se lasse, par fois, d'estre Femme de bien.

ALCMENE
Dire qu'on ne sçauroit hair,
N'est-ce pas dire qu'on pardonne.

ACTE III

SCÈNE PREMIÈRE

AMPHITRYON

LUY, sans doute, le Sort tout
    exprès me le cache,
Et, des tours que je fais, à la
   fin, je suis las.
Il n'est point de Destin plus
   cruel, que je sçache ;
Je ne sçaurois trouver, por-
   tant partout mes pas,
Celuy qu'à chercher je m'attache,
Et je trouve tous ceux que je ne cherche pas.

Mille Fâcheux cruels, qui ne pensent pas l'estre,
De nos faits, avec moy, sans beaucoup me connoistre,
Viennent se réjouir, pour me faire enrager.
Dans l'embarras cruel du soucy qui me blesse,
De leurs embrassemens, et de leur allegresse,
Sur mon inquiétude ils viennent tous charger.
     En vain à passer je m'apreste,
     Pour fuir leurs persécutions;
Leur tuante amitié de tous costez m'areste,
Et, tandis qu'à l'ardeur de leurs expressions
     Je répons d'un geste de teste,
Je leur donne, tout bas, cent malédictions.
Ah, qu'on est peu flaté de louange, d'honneur,
Et de tout ce que donne une grande Victoire,
Lors que, dans l'âme, on souffre une vive douleur,
Et que l'on donneroit volontiers cette gloire
     Pour avoir le repos du Cœur!
     Ma Jalousie, à tout propos,
     Me promène sur ma disgrâce,
     Et, plus mon Esprit y repasse,
Moins j'en puis débrouiller le funeste cahos.
Le vol des Diamans n'est pas ce qui m'étonne;
On lève les cachets qu'on ne l'aperçoit pas,
Mais le don, qu'on veut qu'hyer j'en vins faire en personne,
Est ce qui fait icy mon cruel embarras.
La Nature par fois produit des Ressemblances

Dont quelques Imposteurs ont pris droict d'abuser ;
Mais il est hors de sens que, sous ces apparenccs,
Un Homme pour Epous se puisse supposer,
Et, dans tous ces raports, sont mille différences ,
Dont se peut une Femme aisément aviser.
      Des Charmes de la Thessalie
On vante de tout temps les merveilleux effets ;
Mais les contes fameux, qui partout en sont faits,
Dans mon Esprit toûjours ont passé pour folie,
Et ce seroit du Sort une étrange rigueur
      Qu'au sortir d'une ample Victoire
      Je fusse contraint de les croire,
      Aux despens de mon propre honneur.
Je veux la retâter sur ce fâcheux mystère,
Et voir si ce n'est point une vaine chimère
Qui sur ses sens troublez ait sçeu prendre crédit.
      Ah, fasse le Ciel équitable
      Que ce penser soit véritable,
Et que, pour mon bonheur, elle ait perdu l'esprit !

SCÈNE II

MERCURE, AMPHITRYON

MERCURE.

Comme l'Amour icy ne m'offre aucun plaisir,
Je m'en veux faire, au moins, qui soient d'autre nature,

Et je vais égayer mon sérieux loisir
A mettre Amphitryon hors de toute mesure.
Cela n'est pas d'un Dieu bien plein de charité,
Mais aussi ce n'est pas ce dont je m'inquiète ;
      Et je me sens, par ma Planète,
      A la malice un peu porté.

AMPHITRYON

D'où vient donc qu'à cette heure on ferme cette porte ?

MERCURE

Holà, tout doucement. Qui frape ?

AMPHITRYON

           Moy.

MERCURE

              Qui moy ?

AMPHITRYON

Ah, ouvre !

MERCURE

     Comment ? *Ouvre.* Et qui donc es-tu, toy,
Qui fais tant de vacarme, et parles de la sorte !

AMPHITRYON

Quoy, tu ne me connois pas ?

MERCURE

              Non,
Et n'en ay pas la moindre envie.

AMPHITRYON

— Tout le monde perd-il aujourd'huy la raison ?
Est-ce un mal répandu ? — Sosie ; holà, Sosie.

MERCURE

Hé bien. Sosie, ouy, c'est mon nom ;
As-tu peur que je ne l'oublie ?

AMPHITRYON

Me vois-tu bien ?

MERCURE.

Fort bien. Qui peut pousser ton bras
A faire une rumeur si grande,
Et que demandes-tu là-bas ?

AMPHITRYON

Moy, pendart, ce que je demande ?

MERCURE

Que ne demandes-tu donc pas ?
Parle, si tu veux qu'on t'entende.

AMPHITRYON

Attens, Traistre. Avec un baston
Je vais là haut me faire entendre,
Et, de bonne façon, t'aprendre
A m'oser parler sur ce ton.

MERCURE

Tout beau. Si, pour heurter, tu fais la moindre instance,
Je t'envoyray d'icy des Messagers fâcheux.

XX.   13

AMPHITRYON

O Ciel ! vit-on jamais une telle insolence ?
La peut-on recevoir d'un Serviteur, d'un Gueux ?

MERCURE

Hé bien ; qu'est-ce ? M'as-tu tout parcouru par ordre ?
M'as-tu de tes gros yeux assez considéré ?
Comme il les écarquille, et paroist éfaré !
  Si, des regards, on pouvoit mordre,
  Il m'auroit déjà déchiré.

AMPHITRYON

Moy-mesme je frémis de ce que tu t'aprestes
  Avec ces imprudens propos.
Que tu grossis pour toy d'éfroyables tempestes !
Quels orages de coups vont fondre sur ton dos !

MERCURE

L'Amy, si de ces lieux tu ne veux disparoistre,
Tu pourras y gagner quelque contusion.

AMPHITRYON

Ah, tu sauras, Maraut, à ta confusion,
Ce que c'est qu'un Valet qui s'attaque à son Maistre.

MERCURE

Toy, mon Maistre ?

AMPHITRYON

  Ouy, Coquin. M'oses-tu méconnoistre ?

MERCURE

Je n'en reconnois point d'autre qu'Amphitryon.

AMPHITRYON

Et, cet Amphitryon, qui, hors moy, le peut estre ?

MERCURE

Amphitryon ?

AMPHITRYON

Sans doute.

MERCURE

Ah, quelle vision !
Dy-nous un peu. Quel est le Cabaret honneste,
Où tu t'es coiffé le cerveau ?

AMPHITRYON

Comment ? Encor ?

MERCURE

Estoit-ce un Vin à faire feste ?

AMPHITRYON

Ciel !

MERCURE

Estoit-il vieux, ou nouveau ?

AMPHITRYON

Que de coups !

MERCURE

Le nouveau donne fort dans la teste,
Quand on le veut boire sans eau.

AMPHITRYON

Ah, je t'arracheray cette langue, sans doute.

MERCURE

Passe, mon cher Amy, croy-moy,
Que quelqu'un icy ne t'écoute.
Je respecte le Vin. Va-t-en, retire-toy,
Et laisse Amphitryon dans les plaisirs qu'il goûte.

AMPHITRYON

Comment? Amphitryon est là-dedans?

MERCURE

Fort bien,
Qui, couvert de lauriers d'une Victoire pleine,
Est, auprès de la belle Alcmène,
A jouir des douceurs d'un aimable entretien.
Après le démeslé d'un amoureux caprice,
Ils goûtent le plaisir de s'estre rajustez.
Garde-toy de troubler leurs douces privautez,
Si tu ne veux qu'il ne punisse
L'excès de tes téméritez.

SCÈNE III

AMPHITRYON

Ah, quel étrange coup m'a-t-il porté dans l'Ame?
En quel trouble cruel jette-t-il mon Esprit?

Et, si les choses sont comme le Traistre dit,
Où vois-je icy réduits mon honneur et ma flâme !
A quel party me doit résoudre ma raison ?
    Ay-je l'éclat, ou le secret, à prendre,
Et dois-je, en mon courrous, renfermer, ou répandre
    Le deshonneur de ma Maison ?
Ah, faut-il consulter, dans un affront si rude ?
Je n'ay rien à prétendre, et rien à ménager,
    Et toute mon inquiétude
    Ne doit aller qu'à me vanger.

SCÈNE IV

SOSIE, NAUCRATES, POLIDAS, AMPHITRYON

SOSIE

Monsieur, avec mes soins tout ce que j'ay pû faire,
C'est de vous amener ces Messieurs que voycy.

AMPHITRYON

Ah, vous voilà !

SOSIE

    Monsieur...

AMPHITRYON

        Insolent, téméraire...

SOSIE

Quoy ?

AMPHITRYON

Je vous apprendray de me traiter ainsy.

SOSIE

Qu'est-ce donc ? Qu'avez-vous ?

AMPHITRYON

Ce que j'ay, misérable ?

SOSIE

Holà, Messieurs ; venez donc tost.

NAUCRATES

Ah, de grâce, arrestez.

SOSIE

De quoy suis-je coupable ?

AMPHITRYON

Tu me le demandes, Maraut ?
— Laissez-moy satisfaire un courrous légitime.

SOSIE

Lors que l'on pend quelqu'un, on luy dit pourquoy c'est.

NAUCRATES

Daignez nous dire, au moins, quel peut estre son crime.

SOSIE

Messieurs, tenez bon, s'il vous plaist.

AMPHITRYON

Comment! Il vient d'avoir l'audace
De me fermer la porte au nez,
Et de joindre encor la menace
A mille propos éfrénez.
— Ah, Coquin!

SOSIE

Je suis mort.

NAUCRATES

Calmez cette colère.

SOSIE

Messieurs...

POLIDAS

Qu'est-ce ?

SOSIE

M'a-t-il frapé ?

AMPHITRYON

Non, il faut qu'il ait le salaire
Des mots où, tout à l'heure, il s'est émancipé.

SOSIE

Comment cela se peut-il faire
Si j'estois, par vostre ordre, autre part ocupé ?
Ces Messieurs sont icy, pour rendre témoignage
Qu'à disner avec vous je les viens d'inviter.

NAUCRATES

Il est vray qu'il nous vient de faire ce message,
Et n'a point voulu nous quitter.

AMPHITRYON

Qui t'a donné cet Ordre?

SOSIE

Vous.

AMPHITRYON

Et quand ?

SOSIE

Après vostre paix faite,
Au milieu des transports d'une âme satisfaite
D'avoir d'Alcmène apaisé le courrous.

AMPHITRYON

O Ciel, chaque instant, chaque pas,
Adjoûte quelque chose à mon cruel martyre!
Et, dans ce fatal embarras,
Je ne sçay plus que croire, ny que dire.

NAUCRATES

Tout ce que, de chez vous, il vient de nous conter
Surpasse si fort la Nature
Qu'avant que de rien faire, et de vous emporter,
Vous devez éclaircir toute cette avanture.

AMPHITRYON

Allons. Vous y pourrez seconder mon effort,
Et le Ciel à propos icy vous a fait rendre.
Voyons quelle fortune en ce jour peut m'attendre ;
Débrouillons ce mystère, et sçachons nostre sort.
      Hélas, je brûle de l'apprendre,
      Et je le crains plus que la Mort !

SCÈNE V

JUPITER, AMPHITRYON, NAUCRATES, POLIDAS
SOSIE

JUPITER

    Quel bruit à descendre m'oblige,
    Et qui frappe en Maistre où je suis ?

AMPHITRYON

Que voy-je, justes Dieux !

NAUCRATES

          Ciel, quel est ce prodige !
Quoy, deux Amphitryons icy nous sont produis ?

AMPHITRYON

    Mon âme demeure transie.

XX.   14

Hélas, je n'en puis plus ; l'avanture est à bout ;
    Ma Destinée est éclaircie,
    Et ce que je voy me dit tout.

NAUCRATES

Plus mes regards sur eux s'attachent fortement,
Plus je trouve qu'en tout l'un à l'autre est semblable.

SOSIE

    Messieurs, voici le véritable ;
L'autre est un Imposteur, digne de châtiment.

POLIDAS

    Certes, ce raport admirable
    Suspend icy mon jugement.

AMPHITRYON

C'est trop estre éludez par un Fourbe exécrable ;
Il faut, avec ce fer, rompre l'enchantement,

NAUCRATES

Arrestez.

AMPHITRYON

    Laissez-moy.

NAUCRATES

        Dieux, que voulez-vous faire ?

AMPHITRYON

Punir d'un Imposteur les lâches trahisons.

JUPITER

Tout beau. L'emportement est fort peu nécessaire,
Et, lors que, de la sorte, on se met en colère,
On fait croire qu'on a de mauvaises raisons.

SOSIE

Ouy, c'est un Enchanteur, qui porte un Caractère
Pour ressembler aux Maistres des Maisons.

AMPHITRYON

Je te feray, pour ton partage,
Sentir, par mille coups, ces propos outrageans.

SOSIE

Mon Maistre est homme de courage,
Et ne souffrira pas que l'on batte ses Gens.

AMPHITRYON

Laissez-moy m'assouvir dans mon courrous extrême,
Et laver mon affront au sang d'un Scélérat.

NAUCRATES

Nous ne souffrirons point cet étrange combat
D'Amphitryon contre luy-même.

AMPHITRYON

Quoy, mon honneur, de vous, reçoit ce traitement,
Et mes Amis d'un Fourbe embrassent la défense ?
Loin d'estre les premiers à prendre ma vangeance,
Eux-mesmes font obstacle à mon ressentiment ?

NAUCRATES

Que voulez-vous qu'à cette veue
Fassent nos résolutions,
    Lors que, par deux Amphitryons,
Toute nostre chaleur demeure suspendue ?
A vous faire éclater nostre zèle aujourd'huy,
Nous craignons de faillir, et de vous méconnoistre.
Nous voyons bien en vous Amphitryon paroistre,
Du salut des Thébains le glorieux appuy ;
Mais nous le voyons, tous, aussi paroistre en luy,
Et ne sçaurions juger dans lequel il peut estre.
    Nostre party n'est point douteux,
Et l'Imposteur, par nous, doit mordre la poussière ;
Mais ce parfait rapport le cache entre vous deux,
        Et c'est un coup trop hazardeux
        Pour l'entreprendre sans lumière.
    Avec douceur, laissez-nous voir
    De quel costé peut estre l'imposture,
Et, dès que nous aurons démeslé l'avanture,
Il ne nous faudra pas dire nostre devoir.

JUPITER

Ouy, vous avez raison, et cette ressemblance,
A douter de tous deux vous peut authoriser.
Je ne m'offence point de vous voir en balance ;
Je suis plus raisonnable, et sçay vous excuser ;

L'œil ne peut entre nous faire de diférence,
Et je voy qu'aisément on s'y peut abuser.
Vous ne me voyez point témoigner de colère,
        Point mettre l'Epée à la main;
C'est un mauvais moyen d'éclaircir ce mystère,
Et j'en puis trouver un, plus doux et plus certain.
        L'un de nous est Amphitryon,
Et tous deux, à vos yeux, nous le pouvons paroistre.
C'est à moy de finir cette confusion,
Et je prétens me faire à tous si bien connoistre
Qu'aux pressantes clartez de ce que je puis estre,
Luy-mesme soit d'accord du sang qui m'a fait naistre,
Et n'ait plus de rien dire aucune occasion.
C'est, aux yeux des Thébains, que je veux, avec vous,
De la vérité pure ouvrir la connoissance,
Et la chose, sans doute, est assez d'importance
        Pour affecter la circonstance
        De l'éclaircir aux yeux de tous.
Alcmène attend de moy ce public témoignage ;
Sa vertu, que l'éclat de ce désordre outrage,
Veut qu'on la justifie, et j'en vais prendre soin.
C'est à quoy mon amour envers elle m'engage,
Et des plus nobles Chefs je fais un assemblage
Pour l'éclaircissement dont sa gloire a besoin.
Attendant avec vous ces témoins souhaitez,
        Ayez, je vous prie, agréable,

De venir honorer la Table,
Où vous a Sosie invitez.

SOSIE

Je ne me trompois pas. Messieurs, ce mot termine
Toute l'irrésolution ;
Le véritable Amphitryon
Est l'Amphitryon où l'on disne.

AMPHITRYON

O Ciel, puis-je plus bas me voir humilié !
Quoy, faut-il que j'entende, icy, pour mon martyre,
Tout ce que l'Imposteur, à mes yeux, vient de dire,
Et que, dans la fureur que ce discours m'inspire,
On me tienne le bras lié ?

NAUCRATES

Vous vous plaignez à tort. Permettez-nous d'attendre
L'éclaircissement, qui doit rendre
Les ressentimens de saison.
Je ne sais pas s'il impose,
Mais il parle, sur la chose,
Comme s'il avoit raison.

AMPHITRYON

Allez, foibles Amis, et flattez l'imposture.
Thèbes en a pour moy de tout autres que vous ;
Et je vais en trouver qui, partageant l'injure,

Sçauront prester la main à mon juste courrous.

JUPITER

Hé bien, je les attens, et sçauray décider
  Le diférend en leur présence.

AMPHITRYON

Fourbe, tu crois par-là, peut-estre, t'évader,
Mais rien ne te sçauroit sauver de ma vangeance.

JUPITER

  A ces injurieux propos
  Je ne daigne à présent répondre,
  Et, tantost, je sçauray confondre
  Cette Fureur, avec deux mots.

AMPHITRYON

Le Ciel mesme, le Ciel ne t'y sçauroit soustraire,
Et, jusques aux Enfers, j'iray suivre tes pas.

JUPITER

  Il ne sera pas nécessaire,
Et l'on verra, tantost, que je ne fuiray pas.

AMPHITRYON

Allons, courons, avant que d'avec eux il sorte,
Assembler des Amis qui suivent mon courroux,
  Et chez moy venons, à main forte,
  Pour le percer de mille coups.

JUPITER

Point de façons, je vous conjure ;
Entrons viste dans la Maison.

NAUCRATES

Certes, toute cette avanture
Confond le sens et la raison.

SOSIE

Faites trève, Messieurs, à toutes vos surprises,
Et, pleins de joie, allez tabler jusqu'à demain.
— Que je vais m'en donner, et me mettre en beau train
    De raconter nos vaillantises !
    Je brûle d'en venir aux prises,
    Et jamais je n'eus tant de faim.

SCÈNE VI

MERCURE, SOSIE

MERCURE

Arreste. Quoy, tu viens icy mettre ton nez,
    Impudent Fleureur de Cuisine ?

SOSIE

Ah, de grâce, tout doux !

MERCURE

Ah, vous y retournez ?
Je vous ajusteray l'échine.

SOSIE

Hélas, brave, et généreux Moy,
Modère-toy, je t'en suplie.
Sosie, épargne un peu Sosie,
Et ne te plais point tant à fraper dessus Toy.

MERCURE

Qui, de t'appeler de ce Nom,
A pû te donner la licence ?
Ne t'en ay-je pas fait une expresse défence,
Sous peine d'essuyer mille coups de baston ?

SOSIE

C'est un Nom que, tous deux, nous pouvons, à la fois,
Posséder sous un mesme Maistre.
Pour Sosie, en tous lieux, on sçait me reconnoistre;
Je souffre bien que tu le sois ;
Souffre aussi que je le puisse estre.
Laissons aux deux Amphitryons
Faire éclater des jalousies,
Et, parmy leurs contentions,
Faisons, en bonne paix, vivre les deux Sosies.

MERCURE

Non, c'est assez d'un seul, et je suis obstiné

A ne point souffrir de partage.

SOSIE

Du pas devant, sur moy, tu prendras l'avantage ;
Je seray le Cadet, et tu seras l'Aisné.

MERCURE

Non, un Frère incommode, et n'est pas de mon goust,
Et je veux estre Fils unique.

SOSIE

O Cœur barbare et tyrannique !
Souffre qu'au moins je sois ton Ombre.

MERCURE

Point du tout.

SOSIE

Que d'un peu de pitié ton Ame s'humanise ;
En cette qualité, souffre-moy près de toy.
Je te seray partout une Ombre si soumise
Que tu seras content de moy.

MERCURE

Point de quartier ; immuable est la Loy.
Si, d'entrer là-dedans, tu prens encor l'audace,
Mille coups en seront le fruit.

SOSIE

Las ! A quelle étrange disgrâce,
Pauvre Sosie, es-tu réduit ?

MERCURE

Quoy, ta bouche se licencie
A te donner encor un Nom, que je défens ?

SOSIE

Non ; ce n'est pas moy que j'entens ;
Et je parle d'un vieux Sosie,
Qui fut jadis de mes Parens,
Qu'avec très grande barbarie,
A l'heure du disné, l'on chassa de céans.

MERCURE

Prens garde de tomber dans cette frénésie,
Si tu veux demeurer au nombre des vivans.

SOSIE

— Que je te rosserois, si j'avois du courage,
Double fils de putain, de trop d'orgueil enflé !

MERCURE

Que dis-tu ?

SOSIE

Rien.

MERCURE

Tu tiens, je crois, quelque langage ?

SOSIE

Demandez ; je n'ay pas soufflé.

MERCURE

Certain mot de fils de putain

A pourtant frapé mon oreille ;
Il n'est rien de plus certain.

SOSIE

C'est donc un Perroquet, que le beau temps réveille.

MERCURE

Adieu. Lors que le dos pourra te démanger,
Voilà l'endroit où je demeure.

SOSIE

— O Ciel, que l'heure de manger,
Pour estre mis dehors, est une maudite heure !
Allons, cédons au Sort dans nostre affliction ;
Suivons-en aujourd'huy l'aveugle fantaisie :
Et, par une juste union,
Joignons le malheureux Sosie
Au malheureux Amphitryon.
— Je l'apperçois venir, en bonne compagnie.

SCÈNE VII

AMPHITRYON, ARGATIPHONTIDAS, POSICLES
SOSIE

AMPHITRYON

Arrestez-là, Messieurs. Suivez-nous d'un peu loin,
Et n'avancez tous, je vous prie,

Que quand il en sera besoin.

POSICLES

Je comprens que ce coup doit fort toucher vostre âme.

AMPHITRYON

Ah, de tous les costez, mortelle est ma douleur !
Et je souffre, pour ma flâme,
Autant que pour mon honneur.

POSICLES

Si cette Ressemblance est telle que l'on dit,
Alcmène, sans estre coupable...

AMPHITRYON

Ah ! Sur le fait dont il s'agit,
L'erreur simple devient un crime véritable,
Et, sans consentement, l'Innocence y périt.
De semblables erreurs, quelque jour qu'on leur donne,
Touchent des endroits délicats,
Et la Raison bien souvent les pardonne,
Que l'Honneur et l'Amour ne les pardonnent pas.

ARGATIPHONTIDAS

Je n'embarrasse point là-dedans ma pensée,
Mais je hais vos Messieurs de leurs honteux délais,
Et c'est un procédé, dont j'ay l'âme blessée
Et que les Gens de cœur n'approuveront jamais.
Quand quelqu'un nous employe, on doit, teste baissée,

Se jetter dans ses intérests.
Argatiphontidas ne va point aux accords.
Ecouter d'un Amy raisonner l'aversaire,
Pour des Hommes d'honneur, n'est point un coup à faire;
Il ne faut écouter que la vangeance alors.
  Le procèz ne me sçauroit plaire,
Et l'on doit commencer toujours, dans ses transports,
   Par bailler, sans autre mystère,
   De l'épée au travers du corps.
  Ouy, vous verrez, quoy qu'il avienne,
Qu'Argatiphontidas marche droit sur ce point,
   Et de vous il faut que j'obtienne
   Que le Pendart ne meure point
   D'une autre main que de la mienne.

AMPHITRYON

Allons.

SOSIE

  Je viens, Monsieur, subir, à vos genous,
Le juste châtiment d'une audace maudite.
Frappez, battez, chargez, accablez-moy de coups,
   Tuez-moy dans votre courrous;
   Vous ferez bien, je le mérite,
Et je n'en diray pas un seul mot contre vous.

AMPHITRYON

Lève-toy. Que fait-on ?

SOSIE

L'on m'a chassé tout net ;
Et, croyant, à manger, m'aller comme eux ébattre,
Je ne songeois pas qu'en effet
Je m'attendois là, pour me battre.
Oui, l'autre Moy, Valet de l'autre Vous, a fait,
Tout de nouveau, le Diable à quatre.
La rigueur d'un pareil Destin,
Monsieur, aujourd'huy nous talonne ;
Et l'on me des-Sosie enfin,
Comme on vous des-Amphitryonne.

AMPHITRYON

Suy-moy.

SOSIE

N'est-il pas mieux de voir s'il vient personne ?

SCÈNE VIII

CLEANTHIS, NAUCRATES, POLIDAS
SOSIE, AMPHITRYON, ARGATIPHONTIDAS, POSICLES

CLEANTHIS

O Ciel !

AMPHITRYON

Qui t'épouvante ainsy ?
Quelle est la peur que je t'inspire ?

CLEANTHIS

Las! Vous estes là-haut, et je vous vois icy.

NAUCRATES

Ne vous pressez point. Le voicy,
Pour donner, devant tous, les clartez qu'on desire,
Et qui, si l'on peut croire à ce qu'il vient de dire,
Sçauront vous affranchir de trouble et de soucy.

SCÈNE IX

MERCURE, CLEANTHIS, NAUCRATES, POLIDAS
SOSIE, AMPHITRYON, ARGATIPHONTIDAS
POSICLES

MERCURE

Ouy, vous l'allez voir tous, et sçachez, par avance,
      Que c'est le Grand Maistre des Dieux,
Que, sous les traits chéris de cette Ressemblance,
Alcmène a fait du Ciel descendre dans ces lieux.
      Et, quant à moy, je suis Mercure,
Qui, ne sçachant que faire, ay rossé tant soit peu
      Celuy dont j'ay pris la Figure ;
Mais, de s'en consoler, il a maintenant lieu,
      Et les coups de baston d'un Dieu
      Font honneur à qui les endure.

SOSIE

Ma foy, Monsieur le Dieu, je suis vostre Valet ;
Je me serois passé de vostre courtoisie.

MERCURE

Je luy donne à présent congé d'estre Sosie.
Je suis las de porter un visage si lait,
Et je m'en vais au Ciel, avec de l'Ambrosie,
    M'en débarbouiller tout-à-fait.

Il vole dans le Ciel.

SOSIE

Le Ciel de m'aprocher t'oste à jamais l'envie;
Ta fureur s'est par trop acharnée après moy,
    Et je ne vis, de ma vie,
    Un Dieu plus Diable que toy.

SCÈNE X

JUPITER, CLEANTHIS, NAUCRATES, POLIDAS, SOSIE
AMPHITRYON, ARGATIPHONTIDAS, POSICLES

JUPITER, *dans une Nue.*

Regarde, Amphitryon, quel est ton Imposteur,
Et, sous tes propres traits, voy Jupiter paroistre.
A ces marques, tu peux aisément le connoistre,
Et c'est assez, je croy, pour remettre ton Cœur

XX.   16

Dans l'état auquel il doit estre,
Et rétablir, chez toy, la paix et la douceur.
Mon Nom, qu'incessamment toute la Terre adore,
Etouffe icy les bruits qui pouvoient éclater ;
Un partage avec Jupiter
N'a rien du tout qui des-honnore,
Et, sans doute, il ne peut estre que glorieux
De se voir le Rival du Souverain des Dieux.
Je n'y vois, pour ta flâme, aucun lieu de murmure,
Et c'est moy, dans cette avanture,
Qui, tout Dieu que je suis, dois estre le Jalous.
Alcmène est toute à toy, quelque soin qu'on employe,
Et ce doit, à tes feux, estre un Objet bien dous
De voir que, pour luy plaire, il n'est point d'autre voye
Que de paroistre son Epous ;
Que Jupiter, orné de sa gloire immortelle,
Par luy-mesme n'a pû triompher de sa foy,
Et que ce qu'il a reçeu d'elle
N'a, par son Cœur ardent, esté donné qu'à toy.

SOSIE

— Le Seigneur Jupiter sçait dorer la pilule.

JUPITER

Sors donc des noirs chagrins que ton cœur a souffers,
Et rens le calme entier à l'ardeur qui te brûle ;
Chez toy doit naistre un Fils, qui, sous le nom d'Hercule,

Remplira de ses faits tout le vaste Univers.
L'éclat d'une Fortune, en mille biens féconde,
Fera connoistre à tous que je suis ton suport,
      Et je mettray tout le Monde
        Au poinct d'envier ton sort.
     Tu peux hardiment te flatter
     De ces espérances données;
     C'est un crime, que d'en douter;
     Les paroles de Jupiter
     Sont des Arrêts des Destinées.

Il se pert dans les Nues.

NAUCRATES

Certes, je suis ravy de ces marques brillantes...

SOSIE

Messieurs, voulez-vous bien suivre mon sentiment?
     Ne vous embarquez nullement
     Dans ces douceurs congratulantes;
     C'est un mauvais embarquement,
Et d'une, et d'autre part, pour un tel compliment,
     Les phrases sont embarrassantes.
Le grand Dieu Jupiter nous fait beaucoup d'honneur,
Et sa bonté, sans doute, est pour nous sans seconde;
     Il nous promet l'infaillible bonheur
     D'une Fortune, en mille biens féconde,
Et chez nous il doit naistre un Fils d'un très grand cœur.

Tout cela va le mieux du Monde,
Mais enfin coupons aux discours,
Et que chacun chez soy doucement se retire.
Sur telles affaires, toujours,
Le meilleur est de ne rien dire.

AMPHITRYON

EXPLICATION DES PLANCHES

Notice. — Bande ornementale. Au centre, sur deux larges épées antiques dans leurs fourreaux plats, posées en sautoir et entourées de lauriers, un bouclier rond. Sur celui-ci, comme ornement central, le casque d'Amphitryon, sommé d'un panache de plumes et accompagné, sur ses côtés, des deux cornes dont Jupiter lui fait la grâce de l'honorer.

— Lettre A. Sa charpente forme les chambranles de l'entrée triangulaire de la tente conique devant laquelle le vrai Sosie, assis par terre à côté d'un plat garni d'un jambon, boit, à même la bouteille, le vin que l'on ménageait. Dans le fond, les tentes du camp, et, très au loin, la bataille de cavalerie (Acte I, scène II, vers 492-508).

— Cul-de-lampe. Molière en visite chez Plaute. En avant d'un fond de *villa*, le vieux Dramatiste romain, assis à côté d'une table à trois pieds, vient de confier aux mains de Molière son masque comique. Le Français essaie de l'ajuster à sa tête. Un singe, l'un des supports de ses armoiries, assis sur l'enroulement d'un rinceau, tient complaisamment devant lui l'un des miroirs de ses armes.

Épitre dédicatoire. — Bande ornementale d'en-tête. Au centre, le buste couronné de lauriers, de Monseigneur le Prince ; sur les palmes qui l'encadrent, trois fleurs de lys d'or, brisées en abîme du bâton péri en barre.

A droite et à gauche, attributs militaires, gabion, tonneau de poudre, canon, mortier, boulets, hallebardes et piques, cuirasse, casque, épée, tambour d'infanterie, timbale de cavalier, trompette, fusil, espingoles et drapeaux, sur l'un desquels le Soleil du Roi, cantonné de fleurs de lys ; les autres rappellent les drapeaux Espagnols du *Tapissier de Notre-Dame*.

— Lettre N. Molière assis à sa table de travail, couverte d'un riche tapis. Il va écrire l'Epître dédicatoire au Prince de Condé, le défenseur de *Tartuffe* et de *Don Juan;* sa plume est déjà posée sur le papier, et il relève la tête pour y penser, et pour en chercher l'idée et la forme.

— Cul-de-lampe. Les armes de Bourbon-Condé, de France à la barre de gueules en abîme, entourées des colliers des deux grands Ordres du Roi, et supportées par deux Anges, ailés et volants.

Faux titre. — Dans les nuages de l'Olympe, Jupiter, assis sur son trône et accompagné de son aigle, se penche vers le globe de la Terre où vit Alcmène ; l'Amour lui décoche un de ses traits. Mercure, son caducée à la main et la tête tournée vers le Maître des Dieux, se précipite dans les airs pour descendre sur la Terre et obéir à l'ordre divin. Les rinceaux latéraux du cartouche où est inscrit le titre de la Pièce, se terminent par deux têtes de jeunes et jolies mortelles, en extase devant le grand Amoureux.

Grand titre. — En haut, l'Aigle de Jupiter, les ailes étendues et tenant entre ses serres, au lieu de la foudre traditionnelle, les armes de Cupidon ; des nuages, sur lesquels il est posé, s'échappent en traits pressés les flèches du fils de Vénus. Sur les angles du cartouche du bas sont assis, à gauche, la vieille Cléanthis berçant le jeune Hercule endormi, et, à droite, Sosie, la tête sur sa main et, dans son for intérieur, préférant, sans en rien dire, son sort à celui de son Maître. Le berceau de l'enfant, posé sur une peau de lion, est richement sculpté ; à sa tête, deux figures de femmes, nues et ailées, tiennent au-dessus de lui la couronne, prix de ses travaux, rappelés, sur les flancs du berceau, par les bœufs de Cacus, le Cerbère à triple tête, le Lion de Némée et l'Hydre de Lerne, accostés de deux massues. Au-dessous de Sosie, sa lanterne; au-dessous de Cléanthis, le coffret ouvert et vide, où était enfermé le nœud de diamants, conquis sur Ptérélas par Amphitryon et offert d'avance à Alcmène par Jupiter. Comme montants latéraux, deux colonnes, dont les fûts cannelés sont chargés des trophées militaires de la victoire d'Amphitryon et surmontés de statues de Gloires.

CADRE DES ACTEURS. — Au centre de l'ornementation du haut, un jeune Amour, portant triomphalement le portrait d'Alcmène; en bas, entre deux rinceaux, terminés par une aile d'aigle, le foudre de Jupiter, d'où s'échappent des éclairs.

GRANDE PLANCHE. — Place antique, avec le porche de la maison d'Amphitryon; devant ce porche, la troisième scène du second Acte.

Sosie, bien sûr qu'Amphitryon a son double aussi bien que lui-même, trouve cruelle l'aventure de son maître et craint qu'il ne lui en soit arrivé autant. En revoyant Cléanthis, c'est ce dont il se veut enquérir : « La foi- « blesse humaine est d'avoir — Des curiosités d'apprendre — Ce qu'on ne « voudroit pas savoir. » Cléanthis, attribuant à son mari le méchant accueil que lui a fait Mercure, est fort mal disposée contre le pauvre homme, et lui chante pouilles à plaisir. Au lieu de se blesser de ses injures, ce qu'elle lui dit le rassure et le remplit d'une joie qui ne fait qu'augmenter la colère de sa peu endurante moitié : « *Quoy? Je ne couchay point ? — Non,* *lâche. — Est-il possible ?... Que je suis de moy satisfait!* » (vers 1135-44). S'il a été battu, au moins a-t-il la compensation d'avoir échappé au sort de son maître.

PROLOGUE. — En-tête. La Lune, entourée de voiles noirs, et debout sur son char, dont elle vient d'arrêter les chevaux, écoute Mercure, qui, à demi couché sur un nuage, lui transmet son message : « *C'est Jupiter,* *comme je vous l'ay dit, — Qui de vostre manteau veut la faveur obscure* » (vers 49-50).

— Lettre T. Sur sa barre transversale, l'arc de l'Amour, dont le carquois pend devant la haste de la lettre. Mercure, qui porte la main à son pétase pour l'empêcher de tomber, dévale gaillardement dans les airs pour descendre à Thèbes. Dans le fond, le ciel nocturne, piqueté d'étoiles, et le croissant de la Lune, entouré de légers nuages argentés. Dans l'encadrement, le pétase et les ailes talonnières du Messager des Dieux, des têtes de hibou, des chauves-souris et des papillons phalènes rappellent de la Nuit les ombres complaisantes.

— Cul-de-lampe. La Lune et Mercure se disant adieu, l'une repartant pour aller moins vite, et l'autre descendant de son nuage pour aller prendre la figure de Sosie : « *Bonjour, la Nuit. — Adieu, Mercure* (vers 154). Au-dessous du sujet, le hibou, oiseau de la nuit, volant, les ailes étendues.

Acte I. — En-tête. La scène de Mercure et de Sosie devant la porte de la maison d'Amphitryon. Mercure, un bon gourdin à la main, menace le pauvre homme apeuré, dont les genoux tremblent et qui tient sa lanterne haute pour bien éclairer et mieux voir son terrible autre Moi : « *Pourtant, quand je me taste et que je me rappelle, — Il me semble que je suis moy* (vers 488-9).

Sur la guirlande qui forme la frise, deux longs sceptres, surmontés d'une pomme de pin, supportent le pétase du Dieu. Dans l'ornement de la face des deux larges pilastres latéraux, en haut, un hibou sur son perchoir; dans le bas, pour répéter les deux Sosies, à droite un dogue de mauvaise mine se retourne en grognant d'une façon aussi peu hospitalière que menaçante, et, à gauche, un lièvre affolé se sauve au grand galop, en passant dans l'ornement comme au travers d'un cerceau.

— Lettre Q. Sosie, sa sacoche en bandoulière, la tête baissée et les bras ouverts pour accompagner son discours de gestes appropriés, harangue gracieusement sa Lanterne, qu'il a posée à terre devant lui. Le cercle de la lettre est chargé d'une couronne de têtes de lièvre de face sur champ d'or.

— Cul-de-lampe. Devant la maison d'Amphitryon ; à côté d'un des édifices qui décorent la Place, un piédestal, avec une statue assise de Jupiter. Cléanthis, les bras croisés d'une façon menaçante et le visage furieux, vient de faire ses justes reproches à l'indifférence de celui qu'elle croit son mari ; Mercure, son manteau sur le bras, se retourne vers elle avant de s'éloigner, et, d'un air gouailleur : « *J'aime mieux un vice commode — Qu'une fatigante vertu. — Adieu, Cléanthis, ma chère âme* » (vers 681-3).

Sur l'étroite draperie, qui forme frise et dont les découpures sont garnies de houppes en forme de campanes, la scène se répète sous la forme de deux enfants nus, posés sur un coussin ; la fillette se traîne en suppliante derrière le dos du garçonnet, qui détourne la tête et la repousse du bras. Aux deux angles, la draperie est fixée par deux masques de Mégère encolérée, coiffés de serpents qui accompagnent ses reproches de leurs sifflements. Au-dessous de ces masques sont suspendus des attributs où la même idée se retrouve encore ; sous l'un un riche carquois carré, vide de flèches, d'ailleurs inutiles, car on voit, au-dessous de l'autre, l'arc brisé de l'Amour et la torche renversée de l'Hymen, dont les dernières fumées vont s'éteindre.

ACTE II. — Devant la maison d'Amphitryon. Alcmène vient de convaincre son mari qu'elle a déjà reçu de lui le nœud de diamants de Ptérélas ; celui-ci, désespéré et furieux, se retourne vers Sosie, qui, sur son ordre, vient d'ouvrir la cassette, qu'il tient entre ses mains et qu'il regarde avec surprise : « *Ma foy, la place est vuide* » (vers 969). Dans la guirlande qui forme frise, deux longues lances entre-croisées, et, à leur rencontre, un massacre de cerf, aussi richement encorné qu'il convient à la longueur de la nuit précédente. Sur les montants latéraux, en bas-relief, deux trophées militaires, avec les riches cuirasses, les casques et les armes des chefs vaincus par Amphitryon.

— Lettre V. Amphitryon furieux accable de reproches Sosie, qui n'en peut pourtant mais et lui répond, dans sa juste inquiétude de la bastonnade qu'on lui promet : « *Si vous vous mettez en courroux, — Plus de conférence entre nous* » (vers 764-5).

XX.   17

— Cul-de-lampe. Le pardon d'Alcmène. Jupiter à ses genoux tient les mains d'Alcmène assise, qui lui répond, les yeux baissés et à voix basse : « *Hélas! ce que je puis résoudre — Paroist bien plus que je ne veux... Dire qu'on ne sçauroit haïr, — N'est-ce pas dire qu'on pardonne?* » (vers 1414-9). Sur le milieu de la guirlande de frise, tenue aux angles par les colombes de Vénus, Cupidon, assis sur un nuage, a mis une chaîne à la patte de l'Aigle de Jupiter, qu'il mène en laisse; au-dessous des deux chutes latérales de la guirlande, un trépied couronné de fumées d'encens.

ACTE III. — En-tête. La scène finale. Avant de remonter dans l'Olympe, Jupiter, assis sur une nue, innocente Alcmène et console Amphitryon en le comblant de louanges. Derrière celui-ci, le groupe, plein de terreur et d'étonnement, des Officiers ses amis. A gauche, Cléanthis s'est jetée à genoux devant l'apparition divine; Sosie, debout et la main derrière sa bouche pour se risquer à l'irrévérence de son aparté, se retourne vers les spectateurs de la Comédie pour leur dire : « *Le Seigneur Jupiter sçait dorer la pilule* » (vers 1913). Des deux côtés de la scène, un autel rond, sur lequel fume l'encens du sacrifice, et, au-dessus, dans les angles supérieurs, volent deux Renommées, sonnant leurs trompettes pour célébrer les gloires de Jupiter et d'Hercule.

— Lettre O. Amphitryon furieux menace Sosie-Mercure, debout sur la porte qu'il lui défend et, les poings sur les hanches, le regardant d'un air gouailleur: « *Allons, Triastre, avec un baston — Je vais là-haut me faire entendre* » (vers 1414-5). Sur le champ du cercle de la lettre s'allongent les sombres monstres de la Jalousie.

— Cul-de-lampe. Le dénouement. Sur le devant, au pied de la statue colossale d'un Jupiter assis dont on ne voit que le bas, Amphitryon, encor sombre, la tête sur son poing et ramenant de l'autre main son manteau contre son corps, rumine en son esprit les étranges ennuis de son aventure. A gauche, Sosie, ayant sur les épaules le manteau à petit collet qui fait penser à celui de Gros-René et de Mascarille, arrête avec bon sens les amis d'Amphitryon s'avançant pour le congratuler : « *Sur ces affaires toujours — Le meilleur est de ne rien dire* » (vers 1942-3).

L'encadrement parle de l'avenir. Le petit Hercule, couché sur une peau de lion, serre dans ses jeunes mains héroïques les cous de deux énormes serpents qu'il étouffe; leurs longues queues s'enroulent, à droite et à gauche, sur une forte massue noueuse soutenue, en même temps que des branches de laurier, par les anneaux de leurs replis, et coiffée du casque encorné du père adoptif. Dans le bas, deux Faunillons, à oreilles pointues et à jambes de chèvre, assis sur les enroulements du double rinceau, nous ramènent à la Comédie. Celui de gauche, un de ses genoux dans ses mains, rit, à pleine bouche, de la mine déconfite d'Amphitryon; l'autre, plus charitable, met un doigt sur ses lèvres pour inviter au silence, en répétant ainsi et en redisant du geste l'excellent mot de la fin du brave Sosie.

Achevé d'imprimer a Évreux

Par Charles Hérissey

Le dix Novembre Mil huit cent quatre-vingt-onze

Pour le compte d'Émile Testard

Éditeur a Paris

www.ingramcontent.com/pod-product-compliance
Lightning Source LLC
Chambersburg PA
CBHW072050080426

42733CB00010B/2067